TUS MODELOS DEL AMOR

KARLA LARA

TUS MODELOS DEL AMOR

DESCUBRE CÓMO AMAS, CÓMO TE GUSTA QUE TE AMEN Y CÓMO AMARTE MEJOR

VERGARA

Tus modelos del amor
Descubre cómo amas, cómo te gusta que te amen y cómo amarte mejor

Primera edición: enero, 2020

Penguin Random House Grupo Editorial, S. A. de C. V.
Blvd. Miguel de Cervantes Saavedra núm. 301, 1er piso,
colonia Granada, alcaldía Miguel Hidalgo, C. P. 11520,
Ciudad de México

www.megustaleer.mx

ISBN: 978-607-318-764-0

Impreso en México – *Printed in Mexico*

El papel utilizado para la impresión de este libro ha sido fabricado a partir de madera procedente de bosques y plantaciones gestionadas con los más altos estándares ambientales, garantizando una explotación de los recursos sostenible con el medio ambiente y beneficiosa para las personas.

Penguin
Random House
Grupo Editorial

A Dios por diseñarme con una fuente interna ilimitada de amor. Y por ponerme en el lugar correcto, en el momento preciso y con las personas adecuadas para que este sueño sea realidad.

Miguel, Vicky, Alexa, Matteo, ustedes son mis raíces.
Gracias por acompañarme en cada sueño y por ser parte de mi propio modelo de amor. Los amo ilimitadamente.

Cariño, gracias por acompañarme en el camino y por toda la magia que le pones a mi vida con tu amor, tu mirada, tus risas, tu voz y tu compañía.

A Paulina Greenham porque pusiste la chispa que encendió la máquina para que todo esto pasara. Gracias por ser tan generosa y por creer en mi desde el día uno.

A mi querido colega doctor Eduardo Calixto por ser mi amigo, por confiar en mí, por creer en este proyecto y por escribir el prólogo de este libro.

A todo el equipo de Penguin Random House por hacer realidad este sueño con tanto orden y profesionalismo.

Índice

Prólogo

Abrir y leer este maravilloso libro es una invitación a entender, aprender, evaluar y descubrir el amor, tarea ¡nada fácil!, que este libro realiza de una manera magnífica.

A través de una lectura amable, Karla Lara describe de una manera intensa y al mismo tiempo de fácil acceso aspectos novedosos relacionados con los modelos del amor.

El mensaje parte de una descripción cercana y amigable, entendiendo que el amor inicia con el proceso de amarse a uno mismo, de otra manera ¿cómo podemos amar a otra persona si no podemos querernos a nosotros mismos?

Una mujer tiene muchos elementos para dominar un mundo, que por momentos parece estar en su contra, combatir con inteligencia la fuerza y con determinación la negligencia que defiende la terquedad de un sistema moderno, de esta manera la invitación del libro es reconocernos y, si es necesario cambiar algo, debemos hacerlo primero de adentro, responsabilizándonos de hacerlo desde el principio con nosotros y para nosotros, lo cual traduce una reflexión importante y tan fresca que hacerlo, en verdad, nos responsabiliza y compromete al cambio.

¿Qué tanto eres una mujer alfa?, ¿sirve de algo serlo?, ¿y si lo fuiste y después no? Las respuestas están hermosamente descritas por la autora dejando muchas ideas de cómo evaluarlo cotidianamente y, además, ejemplificada a través de casos reales contrastando mitos que ilustran en nuestra mente la identificación inequívoca y divertida.

Ni los hombres son de Venus, ni las mujeres vienen de Marte. Fuera de una metáfora irreal, entendernos mujeres y hombres es un problema antiguo que traduce una explicación ilógica de que nuestras diferencias se basan desde la normalidad, que pasa por la inmadurez hasta la incapacidad de aprender. Otorgarnos una adecuada explicación sobre los problemas de pareja es una tarea que a veces nos desensibiliza, pero que la gran mayoría de las veces debe ser una importante enseñanza. Mujeres y hombres lo hacemos de diferente forma, rapidez y proyección. La autora otorga una guía magnífica, para que podamos entendernos mejor, que regalo tan hermoso en momentos tan críticos.

Este libro propone una lectura para entender mejor a los hombres, contrastando sus fortalezas a través de mitos arraigados tan grandes como mentiras y verdades a medias, aprendidas desde la infancia, que construyen psicológicamente hombres adultos tales como parejas tóxicas. La descripción de los casos es tan amena y entretenida que nos queda mucho por reflexionar, la importancia de ser el hombre y al mismo tiempo valorarlo de otra manera por parte de las mujeres.

Cuando nos enamoramos, cuando amamos, el mundo cambia, transformamos la realidad. Sin embargo, el tiempo pone a los elementos en su lugar y dimensión real, la neuroquímica que nos hizo reales se termina. En la etapa emotiva y pasional somos irresponsables de amor, para poco a poco ver al ser amado como una persona real, en su dimensión justa. A veces, escogemos y metemos a nuestros infiernos a nuestros propios diablos y monstruos. Amar a alguien heridos de amor, por venir de una pésima relación, no es una adecuada decisión y, sin embargo, a veces lo hacemos. ¿Por qué si el amor debe regocijarnos y ser nuestra máxima motivación cotidiana se puede llegar a convertir en nuestro dolor más intenso? Este libro fluye en una narrativa perfecta de la descripción del proceso, a través de casos y explicaciones sobre diferentes conductas para entendernos mejor, para comprender lo que a veces nadie nos puede explicar.

La felicidad es una elección personal dice la autora, lo cual es una verdad absoluta y contundente. Esta frase es el preámbulo para contrastar y autocuestionar entre ser pareja y formar una pareja. Ante lo cual, el reto es mejorar la relación y la propuesta es realizar ejercicios e intervenciones para identificar los pilares de la relación amorosa y ejercitar habilidades básicas que pueden ayudar a una relación.

En algunos momentos la lectura de este libro te hará parar para reflexionar, en otras reirás y en algunos otros habrán lágrimas en tus ojos, amable lector, pero el objetivo es encontrar respuestas con el fin de mejorar o transformar una relación que no funciona o que puede ser mejor, y en algunos casos para finalizarla sanamente. Este texto contiene ejercicios básicos, que enfatizan mucho la labor de ayuda y encuentro con la pareja. ¡Ánimo!, es posible mejorar.

Tus modelos del amor de Karla Lara no es un libro de un enfoque clásico y trivial, es un libro reconfortante, libre, fuerte de contrastes, de evaluación y alta reflexión. Es una lectura activa, como ninguna otra. Querido lector, bienvenido, espero que lo disfrutes de principio a fin.

Eduardo Calixto
México, 2019

Bienvenidos

¡Hola!

Si hasta ahora has pensado que eso del amor no es para ti, entonces éste es el libro que necesitas. No importa si eres mujer, hombre, heterosexual, homosexual, soltero, casado o divorciado, en estas páginas encontrarás respuestas a muchas de tus preguntas con respecto al amor.

Todos estamos diseñados para amar y todos deseamos ser amados, partiendo de esa idea, no me explico cómo es que llegamos a la vida adulta sin un manual de instrucciones para que logremos entender cómo funciona el amor y cómo se puede lograr hacer pareja sin morir en el intento.

A lo largo del libro regresaremos a dos conceptos principales:

1. Amor propio
2. Energías sexuales

1. *Amor propio*

El amor propio no es algo que se entiende, es algo que se siente. Es una sensación de respeto, validación, apreciación, honestidad y aceptación de uno mismo. El amor propio es la base sobre la cual se construye la vida entera.

Haz un chequeo con esta lista para que identifiques cómo está tu amor propio en este momento. Contesta sí o no a cada una de las afirmaciones según corresponda. Cuando veas esta flecha, ve a la siguiente página para resolver el ejercicio.

¿Qué tal andas en amor propio?:

- Si contestaste 0 a 6 SÍ

Tu tanque de amor propio está prácticamente vacío. Seguramente experimentas muchos momentos en los que no confías en ti y te juzgas duramente. Es común para ti sentir que eres desagradable, te sientes incómodo con facilidad y sueles sentirte incompetente en las distintas áreas de tu vida. Constantemente te sientes rechazado y atacado. La vida es una lucha por sobrevivir. Es común para ti pasar del enojo a la tristeza.

ELEMENTOS	SÍ	NO
1. Te rodeas de personas que te apoyan y que se interesan en tu bienestar.		
2. Eliminas las relaciones tóxicas en cuanto las identificas.		
3. Te cuidas a ti mismo y tienes hábitos que contribuyen a tu salud y a tu bienestar.		
4. Dejaste de compararte con otras personas y te enfocas en tu propia vida.		
5. Expresas tus opiniones acerca de lo que piensas o de lo que quieres.		
6. Dejó de importarte la opinión que tienen los demás acerca de ti.		
7. Identificas las voces negativas en tu cabeza que son desalentadoras y degradantes y las detienes.		
8. Crees que eres suficiente en las diferentes áreas de tu vida.		
9. Confías en ti.		
10. Te sientes cómodo y valoras el tiempo que pasas contigo.		
11. La gratitud es parte de tu vida.		
12. Dejaste de juzgarte.		
13. Eres feliz cuando otras personas triunfan.		
14. Confías en que van a ocurrir cosas maravillosas en tu vida.		
15. Te amas completamente.		

No te relacionas con facilidad porque desconfías de todos. Pero cuando lo haces tus relaciones suelen ser difíciles. Hay drama y descontrol, es posible que hayas experimentado relaciones violentas y de codependencia.

Si este es tu caso, quiero decirte que hay solución. Es posible llenar tu tanque de amor propio y es importante que pongas manos a la obra. ¡Ahora no estás solo!

- Si respondiste de 7 a 13 SÍ

Tu tanque de amor propio está a la mitad. A veces te amas, a veces no, a veces confías en ti, a veces no, a veces te alejas de lo tóxico y otras te acomodas. Aunque tienes más conciencia de ti, hay días en los que sientes que puedes lograr todo lo que te propongas y otros en los que sientes que nada te sale bien. Esa ambivalencia te hace tener episodios de miedo ante la vida y de frustración.

Tus relaciones suelen ser inestables. Están muy, muy, muy bien y de repente muy, muy, muy mal. Hay drama y te cuesta mucho trabajo terminar una relación porque es difícil que te pongas de acuerdo contigo mismo.

Si éste es tu caso, quiero decirte que hay solución. Con unos cuantos ajustes vas a llenar ese tanque de amor propio y vas a sentir que tienes el control de tu vida.

- Si respondiste de 14 a 15 SÍ

Tu tanque de amor propio está llenito. Has encontrado la vía para amarte. Te conoces, te cuidas y constantemente buscas cosas que pueden contribuir a tu bienestar. Te sientes estable, confiado y seguro ante la vida.

Tus relaciones suelen ser estables. Para ti es importante el respeto y pones en el mismo lugar de importancia tu bienestar y el de tu pareja.

Si éste es tu caso, quiero felicitarte. Estoy segura de que en estas páginas encontrarás información que puede contribuir a tu reflexión y a tu autoobservación.

2. *Energías sexuales*

Todas las personas tenemos energía sexual masculina y energía sexual femenina. Independientemente del género o de las preferencias sexuales, todas las personas nos sentimos más identificadas con alguna de dichas energías.

Lo que es importante comprender es que, independientemente de las preferencias, es fundamental que en todas las relaciones de pareja siempre exista energía sexual femenina y energía sexual masculina porque esto produce polaridad en la relación y esa es la fuente de la atracción.

En mi experiencia resulta más sencillo comprender este concepto con el siguiente esquema:

	ENERGÍA SEXUAL MASCULINA	ENERGÍA SEXUAL FEMENINA
MUJER	Angelina Jolie Pink Ellen DeGeneres Margaret Thatcher Charlize	Paris Hilton Gal Gadot Jennifer Aniston Ellen Page Theron
HOMBRE	La Roca Vin Diesel Jason Momoa Ricky Martin Will	George Clooney Ryan Reynolds Jude Law Jim Parsons Smith

Si no conoces a estos actores y actrices puedes hacer un chequeo rápido en tu buscador, pero lo que trato de explicar es que todas estas combinaciones son posibles:

1. Ser mujer heterosexual con alta energía masculina (Angelina Jolie)
2. Ser mujer heterosexual con alta energía femenina (Paris Hilton)
3. Ser mujer homosexual con alta energía masculina (Ellen DeGeneres)
4. Ser mujer homosexual con alta energía femenina (Ellen Page)
5. Ser mujer con energías equilibradas (Charlize Theron)
6. Ser hombre heterosexual con alta energía masculina (Jason Momoa)
7. Ser hombre heterosexual con alta energía femenina (George Clooney)
8. Ser hombre homosexual con alta energía masculina (Ricky Martin)
9. Ser hombre homosexual con alta energía femenina (Jim Parsons)
10. Ser hombre con energías equilibradas (Will Smith)

En el capítulo tres obtendrás más información para que identifiques tu propia energía, pero por ahora es importante que tengas frescos estos dos conceptos.

En este libro encontrarás información para tu desarrollo personal y para que te reconozcas como elemento creador de una pareja. Te toparás con ejercicios y rituales que he diseñado durante sesiones de coaching y años de experiencia. Además, encontrarás algunas razones para *volver al origen*, a ese punto de partida en el que todo está conectado con todo.

Escribo estas líneas como una invitación a reflexionar acerca de lo que sabes del amor, para que te observes y cuestiones las creencias que tienes con respecto al amor y a la pareja y te des cuenta de que muchas de esas ideas te estorban y te han llevado a repetir la misma historia con distintos personajes.

Los ejemplos que utilizo surgen de sesiones de coaching con mis clientes y he decidido mantener su confidencialidad, por lo cual sus nombres fueron modificados.

Este libro es una alternativa que espero sea útil para que recuerdes que la soledad es un mito y que el amor es posible, existe y surge desde dentro de cada uno. El objetivo es que al terminar cada capítulo te detengas a observar tu propia vida y a ti mismo, porque no hay posibilidad de cambiar ni de mejorar si no integramos a la vida la reflexión y la autoobservación.

La pareja es la suma de dos individuos. Es decir, surge como un tercer elemento, como un ser vivo, como un jardín y la única forma de lograr que se mantenga vivo es, naturalmente, cuidando de él todos los días.

El libro se compone de cinco partes: la primera trata de la **mujer alfa**, de su rol en la sociedad económica actual y de los mitos que rodean a esa figura femenina. En la segunda parte hablo del **hombre moderno** y de su rol presente. La tercera parte contiene mi **manifiesto del amor**; menciono las diferencias con el enamoramiento y desmitifico ciertas creencias que se tienen con respecto a la pareja. En la cuarta parte propongo ejercicios, rituales y lanzo algunas preguntas para que recuerdes que hacer pareja implica responsabilizarse primero de uno mismo y luego de eso que se está creando con alguien más. En la última parte hago una invitación para volver al origen, al punto de partida en el que somos uno con todo lo que es y existe. Mi plan es que conforme avanzas en la lectura te encuentres con ejercicios que te ayuden a dar los primeros pasos en el camino que te conecta con la fuente infinita e ilimitada de amor que hay en ti.

Me siento con la necesidad de expresar que, si estás leyendo estas páginas para encontrar una receta rápida para que el "amor funcione", estás buscando en el lugar incorrecto. Nadie puede aprender a nadar leyendo y lo mismo pasa con el amor, la maestría se desarrolla solamente a través de la práctica, el entendimiento, la comprensión, las vivencias y la experiencia.

> **La pareja es la suma de dos individuos [...] surge como un tercer elemento, como un ser vivo, como un jardín.**

Gracias por leerme y por darme la posibilidad de influir de alguna manera en la forma en la que te relacionas contigo y con los demás. Mi deseo es que disfrutes leyendo, tanto como yo he disfrutado con este viaje al realizar *Tus modelos del amor*.

Karla Lara

Introducción

La actualidad impone muchos retos. Como ocurre en cada era, hoy puedo decir que estamos viviendo tiempos excepcionales. Pienso que mujeres y hombres están enfrentando nuevos desafíos como individuos y en sus relaciones de pareja debido a las exigencias del mundo actual. Un mundo que avanza con el motor equivocado: un mecanismo económico que no tiene sentimientos, en el que cada vez el amor importa menos y lo que tenemos importa más. Ya me parecía riesgoso vivir bajo el precepto de *pienso luego existo* como para después haberlo intercambiado por el moderno: *tengo luego soy.*

Vivimos en la ilusión de estar conectados todo el tiempo, pero **nunca antes en la historia de la humanidad las personas se habían sentido tan**

desconectadas de su propio centro. Las noticias globales son catastróficas, el cambio climático, los problemas con el agua, las guerras, los problemas se intensifican, las tensiones crecen y no parece que podamos avanzar a ese ritmo. De pronto, todo resulta abrumador. Las tecnologías nos distraen y nos llevan a poner la atención afuera de nosotros, cuando en realidad, todos los secretos están adentro.

Resulta comprensible que en una sociedad basada en el consumismo también busquemos consumir el amor, es decir, extraerlo de alguien más, sacarlo de algún lugar, obtenerlo de algo o de alguien, que venga de afuera, de una fuente externa. Se nos ha ocurrido que el amor es algo que podemos conseguir si nos esforzamos lo suficiente, si luchamos por él; si hacemos los suficientes sacrificios por alguien, entonces lo obtendremos.

Para las personas es casi natural estar envueltas en un patrón obsesivo para encontrar a alguien, para sentir amor. Desde muy temprana edad quedamos impregnados con patrones de nuestros cuidadores, en donde la mayor parte de las veces se viven relaciones de miedo disfrazadas de amor. Y si vamos por la vida arrastrando esos miedos: miedo a la soledad, miedo a no ser suficientes, miedo al abandono y miedo a la traición, entonces esperamos que llegue alguien que a cambio de nuestro amor nos libere de nuestros miedos. Estrategia que irremediablemente falla, genera dolor y multiplica los miedos.

Otro de los aprendizajes de los tiempos que corren es sobrevalorar el placer inmediato. Con un sentido de urgencia necesitamos obtener los resultados de forma rápida, veloz y, si se puede sin esfuerzo, mucho mejor. Aquí es en donde viene la primera gran desilusión, porque no existen recetas rápidas, ni caminos fáciles para diseñar relaciones profundas y funcionales. **Para formar una pareja se requiere dedicación, cuidado y por encima de todo, trabajo personal.**

Mi objetivo no es hacerte sentir que es imposible, pero me siento con la responsabilidad de enfatizar que **si no revisas el modelo de amor que aprendiste y no lo actualizas, entonces las relaciones en tu vida seguirán siendo episodios dolorosos**. Te encontrarás repitiendo los mismos patrones con personas distintas y reforzarás las creencias que te hacen sentir que no te mereces experimentar un amor bonito, funcional y nutritivo para tu vida. Quiero que sepas que es posible y que de hecho ese tipo de amor está disponible para ti, pero para acceder a él, solamente hay una ruta: trabajo personal, porque tendrás que eliminar las creencias que te estorban y actualizar tus viejas programaciones.

La configuración actual del mundo ha proporcionado el ambiente para el surgimiento de una nueva especie, la mujer alfa. Una mujer que poco a poco ha ido desconectándose de su feminidad para poder hacer parte de un mundo competitivo y exigente. Una mujer que en muchas ocasiones, siente que ha perdido el rumbo de sus pasos por avanzar sin descanso hacia su futuro profesional. **El mensaje suele ser condenatorio, para ser una mujer alfa necesitas decidir entre realización profesional o realización personal.**

Una mujer es muy útil al sistema porque es altamente productiva y generosamente consumista. Las mujeres alfa dejan de lado su vida emocional y cuestionan a otras que eligen una vida con menos retos profesionales. Si bien esa determinación puede ser útil en ciertos ambientes, se vuelve una estrategia que se agota en sí misma y que en muchas ocasiones, las separa de su verdadera esencia y de sus necesidades emocionales básicas.

Mi objetivo no es levantar un movimiento en contra de las mujeres alfa. Lo que busco es invitar a todas las mujeres a reconectarse con su energía femenina. Está muy bien la realización profesional, es genial imponerse retos intelectuales, es gratificante superarse y ser exitosa, pero ninguna de esas características significa que debemos estar destinadas a estar solas porque no tenemos tiempo para una relación.

Todos los extremos son malos, **aprender a diseñar una vida que estimule la mente con retos profesionales y que encienda el corazón con una relación, puede ser un buen punto de partida para encontrar equilibrio.** Y ese equilibrio, está disponible para todos los seres humanos. No importa si eres mujer u hombre y tampoco importan tus preferencias. Todos podemos acceder y aspirar a una vida equilibrada y plena.

El número de mujeres alfa con las que me entrevisto es creciente. Muchas de ellas sienten que han perdido el equilibrio entre su vida profesional y su vida personal. **Ejecutivas, empresarias o líderes que me preguntan si acaso hay algo mal en ellas.** Tienen la sensación de que por alguna razón no pueden comunicarse con sus parejas o no pueden encontrar una pareja.

Mi respuesta a todas esas mujeres alfa es que no hay nada malo en ellas. **Solamente se trata de aprender a combinar la fuerza y determinación de su energía masculina, con la gracia**

y la sensualidad de su energía femenina. "Equilibrio" como palabra clave para recordar que, en la vulnerabilidad, es en donde se encuentra el poder. Se trata de dejar de tener miedo a parecer débil, soltar la necesidad de tenerlo todo resuelto y recordar que sí, sola se puede llegar muy rápido, pero acompañada se puede llegar mucho más lejos.

Por otro lado, **encuentro a un sector confundido, los hombres actuales. Esos que no entienden su rol en esta nueva dinámica llena de mujeres alfa**. Que no tienen claridad respecto a su papel en las relaciones. Hombres necios que llevan décadas de mala fama, que nunca se habían enterado que, para eso de las relaciones, era muy importante echarse un clavado hacia adentro de ellos mismos. Nadie les avisó que necesitaban conocerse y saber de emociones.

Me los encuentro desorientados, con ganas de amar y de ser amados, pero sin tener una sola estrategia, clave o plan. Los descubro asustados y resignados ante la idea de que nadie entiende a las mujeres, pero con una necesidad enorme de hacerlo.

Hombres con vacíos enormes, con miedos que los rebasan y con una falta de habilidades sociales y emocionales que los llevan a desarrollar conductas pasivo-agresivas en las que lejos de conectarse con el amor se separan de esa posibilidad y se van quedando solos dentro de ellos. Adoloridos y confundidos, nadie les ha dicho que el secreto para ellos también está en conectarse con su energía femenina, abrirse, ser vulnerables y dejar entrar el amor.

Poco a poco mi agenda se va llenando de hombres que quieren saber *si acaso hay algo mal en ellos.* Noto que no comprenden la complejidad de las mujeres y que no entienden qué es lo que ellas realmente quieren o esperan de ellos.

Mi respuesta a esos hombres actuales es que no hay nada malo en ellos. Lo que hace falta es que desarrollen la habilidad de estar en presencia, que sepan conectarse con sus emociones, que no tengan miedo de su vulnerabilidad, que aprendan a comunicarse mejor. Que recuperen su poder interior y que recuperen su energía vital. A cada uno de ellos les digo que es natural que no comprendan a las mujeres, es complejo comprender a cualquiera, hombres o mujeres estamos llenos de recovecos, de contradicciones, de conductas y hábitos raros para otros, de creencias y percepciones únicas, pero al fin y al cabo todos compartimos la necesidad de amar y ser amados.

A diario me encuentro con mujeres alfa y hombres actuales que tienen la ilusión de encontrar el amor, a veces esperanzados y otras tantas, desesperados por encontrar a alguien que les libere de la prisión de su soledad.

La nueva era no se trata de poner a las mujeres por encima de los hombres, se trata de integrar el concepto de complementariedad positiva, en la que se busca que los miembros de la pareja se ayuden a equilibrar sus fortalezas y debilidades. Los nuevos roles requieren nuevos paradigmas que permiten comprenden las dinámicas de las relaciones. [1]

La energía que pierden las personas haciendo cualquier cantidad de rituales y prácticas con el objetivo de liberarse del grillete llamado *soledad* es inmensa, lo que olvidan es que mientras más cosas hacen, más resistente se vuelve el grillete. Porque lo que hay que recordar para liberarse de una vez y para siempre, es que **la salida es hacia adentro.**

Para liberarnos de la soledad necesitamos aprender a amarnos completamente, a validarnos y a respetarnos. Necesitamos conocernos, saber

1 Sonya Rhodes y Susan Schneider, *The Alpha women meets her match*, Nueva York: William Morrow and Company, 2014.

quiénes somos y qué queremos. El principio de una relación de pareja exitosa es un individuo que haya logrado salir de la cárcel de la soledad por sí mismo. Una persona que ha aprendido a amarse lo suficiente como para alejarse de las relaciones que duelen.

Primero ámate tú

Ésta es una de las frases más comunes en los libros de desarrollo personal: "ámate mucho, ámate fuerte y verás que todo poco a poco comenzará a acomodarse". Pues sí, eso funciona así, cuando te amas mucho y te amas fuerte, en verdad la vida comienza a ser mejor, de eso no hay duda, el problema es que nunca nadie nos enseña cuáles son los pasos para aprender a amarnos.

Pues he aquí el secreto para comenzar esa relación de amor contigo mismo: para aprender a amarte, necesitas pasar tiempo contigo. Así, tan simple y tan complejo como eso, necesitas estar contigo para que puedas conocerte, vamos a llamarle una soledad activa o, mejor aún, **en lugar de seguir diciendo que estás solo, aprende a decir que estás contigo.**

"¿Vas a ir a comer, al teatro al cine, a tomar un café sola? No, voy a ir a comer conmigo"

Puedes comenzar haciendo esto: *Invítate un café y luego viaja.*

Sal a una cafetería y tómate un café contigo, comienza a escuchar lo que dice tu voz interior, deja a un lado el teléfono y las redes sociales, solamente observa y escucha.

Aquí hay una guía detallada para las primeras citas contigo.

Sé perfectamente bien que las primeras citas que hacemos con nosotros mismos pueden ser aterradoras, pero cuando comiences a hacerlo, descubrirás que es una fórmula increíble para regresar a ti y para comenzar a enamorarte de ti.

Piensa en esto: **si dependes de otros para ser feliz, hay muchas posibilidades de que te sientas decepcionado y que muchas veces te sientas solo.** Pero, si aprendes a tomar una porción de tu tiempo y comienzas a dedicarla a ti mismo, silenciando tu teléfono, ignorando la tecnología y concentrándote únicamente en pasar tiempo contigo, te garantizo

¿Qué es lo que ves?

¿En qué centras tu atención?

¿Qué pensamientos tienes?

¿Qué te dice tu voz interior?

¿Cómo te sientes?

¿Cómo es tu respiración?

que puedes encontrar paz interior y que es una manera infalible de conocerte y de comenzar a conectarte con tu fuente de amor propio.

Éstos son 4 **pasos que puedes seguir para las citas contigo**:

1. Planifica tu día y elije las actividades que realizarás.

Cuando tienes un plan o una lista de actividades que puedes hacer, estarás mucho más dispuesto y enfocado a seguir adelante con esta actividad. Recuerda que, ante la novedad, necesitas certeza y es por eso que si sabes qué es lo que harás, te sentirás más seguro de seguir adelante con este ejercicio.

Puedes aprovechar este tiempo para hacer todas las cosas que has dejado de hacer y que disfrutas, pero para las que ha sido difícil encontrar compañía que se interese. ¿Hay una nueva película que te emociona y quieres ir a verla? ¿Hay un nuevo restaurante que quieres conocer? ¿Una exposición que habías estado esperando? ¿Un concierto que no te quieres perder?

La posibilidad de realizar nuevas actividades te ayudará a mantener tu enfoque y, junto con la certeza de tener un plan, también encontrarás variedad al alejarte de tu rutina y de las actividades cotidianas.

2. Disfrútate

Y, si te preguntas por qué deberías tratarte bien y disfrutarte a ti mismo, te invito a que mejor te hagas esta pregunta: ¿por qué no?

Recuerda que el primer paso en todo es siempre comenzar contigo. Disfrútate para que alguien pueda disfrutarte, ámate para que alguien pueda amarte, cuídate para que alguien pueda cuidarte y así podemos continuar con una lista infinita de cosas que comienzan bien, cuando primero las haces contigo.

3. Luce y vístete lo mejor posible, como si estuvieras en una cita real

Cuando te ves bien, te sientes bien y punto. Arreglarnos despierta una chispa interna de autoaceptación y confianza. ¿Cómo te vestirías, cómo te peinarías, qué actitud tendrías si fueras a salir con el amor de tu vida? Estoy segura de que no irías en pants, tenis y gorra y tampoco irías sin bañarte... Seguramente harías todo lo posible por lucir increíble.

Si estás dispuesto a hacer lo necesario para lucir lo mejor posible para alguien más; no deberías hacer menos por ti mismo, **el amor de tu vida primero eres tú y después puedes compartir eso con alguien más.**

4. Reevalúa tu historia y apréciate

Solamente hay una persona en este mundo que ha experimentado cada minuto y segundo de tu vida contigo… TÚ

Eres tú quien tiene el poder de controlar el destino de tu felicidad. Regálate unos minutos para pensar en tu propia vida y en todas las veces que te has sacado adelante. Piensa en todas las ocasiones en las que has logrado levantarte cuando pensaste que ya no había salida.

Ámate a ti mismo, abrázate y ten una primera cita contigo mismo.

Puedes entrar a www.karlalara.mx/losmodelosdelamor para obtener una versión para imprimir de este ejercicio.

Primero aprende a amarte a ti completamente. Luego práctica dando amor a los demás.

Repite esto de manera habitual, poco a poco verás que comienza a ser cómodo y que tus pensamientos y tu voz interior comienzan a afinarse para ser algo más agradable. Una vez que superes la prueba de un café contigo, entonces será momento de que vayas contigo al cine, al teatro, a cenar y como examen final, a viajar.

Solamente podrás amarte cuando logres conocerte y, para conocerte, tendrás que aprender a escucharte y para poder escucharte, necesitas pasar tiempo contigo.

Para generar relaciones funcionales y profundas se requiere amor, voluntad, esfuerzo y desarrollo de otras habilidades. **El amor, además de ser un sentimiento, debe convertirse en un acto de voluntad diario.** Mientras los sentimientos sean fugaces, sin voluntad ni decisión, será improbable vivir relaciones de pareja que sean duraderas y funcionales. Lo cierto es que el amor es un ingrediente importantísimo para que las relaciones funcionen, pero **no es tanto el amor por el otro, sino el amor personal, ese que se tiene adentro, es el que sirve de termómetro para saber si las relaciones son saludables o no.** Así que irremediablemente, si quieres relaciones duraderas y funcionales, necesitarás conocerte y amarte.

Aprende a hacerte responsable de ti y de tu amor.

El mayor acto de egoísmo es vivir para los demás sin poner atención en nosotros mismos, poco a poco las personas van necesitando más y su frustración va creciendo al darse cuenta de que nada que venga de afuera, podrá jamás llenar el vacío de la falta de amor propio. Para tener una relación de pareja **extraordinaria**, encárgate de conocerte y amarte. **El truco está en dejar de esperar que llegue la persona correcta y convertirte tú en esa persona correcta.**

Es imperativo dejar de buscar afuera algo que solamente se puede construir adentro de cada individuo. Tu modelo de amor, no importa cuál sea, ni de dónde venga, se verá perfeccionado cuando aprendas el arte de observarte, conocerte y, por lo tanto, de amarte.

En pocas palabras:

1. El ritmo de vida actual hace fácil que perdamos el rumbo.
2. Mucha distracción = falta de conexión
3. Es irrelevante si eres hombre o mujer, o tus preferencias. Todos tenemos la necesidad de amar y de ser amados.
4. Todos tenemos heridas y todos tenemos que hacer trabajo personal para sanarlas.
5. La buena noticia es que la SALIDA ES PARA ADENTRO. Has estado separado de ti, pero si tu

decisión es amarte entonces recíbete de manera especial... ¡Haz una celebración porque vas de regreso a ti y nunca más te dejes ir!
6. Ámate mucho y sé EXTRAordinario.

¡ANTES DE CONTINUAR HAZ UN CHEQUEO!

1. ¿Una cosa que puedo hacer hoy para comenzar a mejorar mi amor propio?

2. ¿En cuál de los seis hábitos de amor propio necesito mejorar?

3. Palomea los hábitos de amor propio que cumpliste hoy:

Dormir bien	
Comer bien	
Tomar agua	
Hacer ejercicio	
Práctica de gratitud	
Meditación/ Respiración consciente	

4. ¿Qué estrategia específica voy a seguir para mejorar ese hábito que me falta?

Tengo ganas de compartir contigo el formato del diario que utilizo todas las mañanas. El objetivo es que aproveches este espacio para que revises cómo estás y cuáles son tus planes. ¡Que lo disfrutes!

FECHA: / /

MAPA DE RUTA

1. EN DÓNDE ESTOY

2. EN UN AÑO VOY A ESTAR...

3. POR QUÉ ES IMPORTANTE

4. HABILIDADES QUE NECESITO

FECHA: / /

¿CÓMO ME SIENTO HOY?

ME SIENTO ASÍ PORQUE

HOY MI META ES...

ESTA META ME IMPORTA PORQUE...

1 COSA QUE HARÉ HOY PARA LOGRAR MI META ES

•

ESTOY AGRADECIDO POR...

FECHA: / /

¡*Eres EXTRAordinario!*

Primera parte

Mujer alfa

El amor en la mujer está siempre mezclado con una admiración involuntaria
Hegel

¿QUÉ ES UNA MUJER ALFA?

La mujer alfa cuenta con características de fortaleza, determinación, astucia, seguridad y confianza. Es una mujer pragmática que sabe lo que quiere y que está dispuesta a hacer lo necesario para conseguirlo. **Es independiente, autónoma y disfruta los retos profesionales.** Busca sobresalir en el mundo profesional, ser significativa y reconocida intelectualmente.

Es líder y es auténtica. Tiene estándares profesionales y personales que retan el "rol tradicional" de la mujer en sociedad. Es admirable, respetada y segura de sí misma en su rol de profesionista. Una mujer alfa tiene las características típicamente estereotipadas de un "hombre de negocios".

Entre los adjetivos que podemos usar para describirla se encuentran:

autodependiente líder competitiva	segura activa inteligente	interesante atractiva

La educación, la información y la influencia que han recibido las mujeres de las últimas generaciones, las impulsan cada vez más a convertirse en alfa. En un mundo tan competitivo y globalizado, **las mujeres alfa surgen como una fuerza capaz de generar equilibrio en las organizaciones y en los nichos que, de antaño, pertenecían al género masculino.**

Las mujeres alfa conservan las necesidades de amor, atención, cariño y seguridad, pero constantemente las ocultan detrás de una fachada de poder y fuerza. **Muestran un aspecto rígido para parecer menos frágiles de lo que realmente son.**

Personalmente no considero que ser mujer alfa sea malo. De hecho, creo que en ciertos aspectos de la vida moderna, no solamente es útil, sino *necesario*. Las mujeres necesitamos encontrar la autodependencia y usarla como bandera para una vida plena.

El concepto de autodependencia[2] tiene como fundamento la idea de abandonar TODA dependencia. En palabras de Jorge Bucay, **la autodependencia es saber que necesito de los otros, que no soy autosuficiente, pero que puedo llevar esa necesidad conmigo hasta encontrar lo que quiero**. Ser autodependiente significa ser auténticamente quien eres, actuar auténticamente y sentir auténticamente. Abrazando todos los aspectos de tu yo esencial y tirando definitivamente las máscaras y las fachadas tras las que te escondes.

Lo que ocurre es que **esa búsqueda de autodependencia ha generado muchas confusiones para algunas mujeres, y es por ello que se ha vuelto complicado encontrar equilibrio entre su energía masculina (alfa) y su energía femenina**. Este desequilibrio provoca dificultades en el área de las relaciones interpersonales. Recordemos que en la naturaleza solamente puede existir un alfa en cada manada, por lo tanto, resulta improbable que dos alfas generen una relación de pareja funcional y duradera.

2 Jorge Bucay, *El camino de la autodependencia*, México: Océano, 2000.

Dos personas autodependientes pueden generar una relación de pareja sólida y saludable. Dos personas alfa no, porque irremediablemente habrá competencia por dominar en la relación y, en cualquier dinámica o relación en la que alguno queda bajo el dominio de otro, se activan los miedos.

CASO 27: DIÁLOGO DE TELENOVELA

Conocí a Silvia, una mujer de treinta y siete años, directora del área de desarrollo de nuevos negocios en una empresa internacional. Independiente, competitiva, líder y muy atractiva. **Vino a coaching cuando estaba triste porque, –en sus palabras–, no podía conseguir a un hombre que la quisiera.**

Silvia compartió conmigo que había tenido algunos noviazgos. Me contó que podía identificar una característica común entre sus novios: todos eran demasiado sensibles. Eran tan emotivos que después de un tiempo le daban flojera. Ella decía: “Todos han sido demasiado suaves. Cuando nos enojábamos se ponían a llorar. Actuaban como mujeres. Si yo quisiera eso, mejor estaría con una chica”, y completaba: “Sé muy bien que eran buenos hombres, pero… no eran lo que yo necesitaba”.

La pregunta para Silvia y para muchas mujeres en su caso es: "¿Específicamente qué es lo que quieres en una relación de pareja?".

En ese momento, Silvia no supo cómo contestar. Dijo: "No pido mucho, pero pido que sea un hombre, *que se porte como hombre*". Inmediatamente le pregunté: "¿Qué significa que se porte como hombre?". Yo ya me esperaba su respuesta... me dijo: "Pues no sé exactamente cómo, pero quiero que tenga carácter y quiero sentir que es fuerte. *Quiero que me haga sentir mujer*".

La recomendación a Silvia y a esas mujeres que "quieren que sea un hombre el que las haga sentir mujer" es que **tienen que calmarse con eso.** Cada una debe buscar su feminidad desde adentro. Esas son las típicas frases de telenovela, de diálogos exagerados y eternamente reciclados que arruinan cientos de vidas y que destruyen la autoestima de muchas mujeres y hombres. **Una mujer debería saber cómo sentirse mujer sin necesidad de que un hombre o una mujer hagan algo en específico.**

En el caso de Silvia, su energía masculina era tan fuerte que, por inercia, buscaba hombres que tuvieran energía femenina muy desarrollada. Al inicio de la relación eso funciona porque genera polaridad, pero con el tiempo y con las creencias que se quedan arraigadas, entonces la relación comienza a tambalearse. Silvia controla, ejecuta y resuelve todo el tiempo, y el novio accede, así construyen durante un tiempo, hasta que un día, Silvia siente que ya está cansada de resolver y que es momento de que ahora el novio se haga cargo. La cosa es que el novio no tiene idea de cómo tratarla ahora que los papeles han cambiado. Silvia se frustra, el novio también. Silvia le pide que "actúe como hombre", argumento que aniquila por completo la pizca de energía masculina que le quedaba al novio y la relación termina.

CASO 324: LÍDER FRUSTRADO DE LA MANADA

En otra ocasión conocí a Liz, una mujer de treinta y dos años que llevaba tres años viviendo con su novio. Liz es gerente del área contable de una empresa de construcción. La conocí porque se sentía frustrada. Me contó que su novio llevaba casi un año sin trabajar y que no veía en él a un hombre que ella admirara. "Me desespera, no lo admiro, no entiendo cómo puede estar tan cómodo frente a la tele todo el día. Yo necesito un hombre que, si bien no va a ganar más que yo, pues por lo menos que se comporte como hombre". Pregunté: "¿Qué significa que se comporte como hombre?", y respondió: "Pues la verdad no necesito que nadie me mantenga, pero sí me gustaría saber que, si yo un día decido ser mamá, aunque en este momento no me dan ganas, pues él pueda respaldarnos económicamente. ¿O qué, voy a tener que trabajar toda la vida?".

La necesidad emocional de Liz era clara, ella necesitaba certeza. En algún punto de su ser sabía que si decidían tener hijos, él no era el compañero que le gustaría para un momento así. Ella se sentía el sostén de la manada y se daba cuenta dolorosamente de que él no asumiría ese papel en caso de ser necesario.

CASO 487: EFECTO PÉNDULO ATACA DE NUEVO

Conocí también a Paola, una mujer de cuarenta y tres años, asesora comercial, definitivamente alfa. La conocí cuando se sentía desesperada por algunos conflictos con su novio. Estuvimos trabajando un tiempo juntas en sesiones de coaching y al cabo de algunos encuentros, ella compartió conmigo que siempre se había sentido como el hombre en sus relaciones, porque ella dominaba y mandaba. Después de algunas sesiones, me dijo que finalmente había conocido a un hombre con el que se entendía. Entre bromas me decía: "Es la horma de mi zapato, pero ahora me molesta sentir que quiere controlarme y dominarme".

Una vez que Paola comenzó a acercarse a su energía femenina, entonces fue posible que iniciara una relación. Lo que ocurrió en ese momento es que esa nueva polaridad, si bien resultó excitante de inicio, al cabo del tiempo fue inquietante porque se fue al otro extremo, encontró a un hombre demasiado alfa y eso tampoco tenía posibilidades de convertirse en una relación duradera. **La estrategia correcta es estar cerca del equilibrio, entre energía masculina y energía femenina, jugando a intercambiar esos roles con el otro.**

Esto se conoce como efecto péndulo, cuando hemos estado en un extremo, entonces antes de conseguir el equilibrio probamos el extremo opuesto. Paola pasó de energía masculina a energía femenina, pero no equilibradas sino extremas, al momento de iniciar una relación nueva y no conocerse en esa energía, entonces él con su energía masculina prácticamente le estaba pasando por encima. La estrategia con Paola fue que pudiera ajustar entre energía masculina y energía femenina para encontrar equilibrio y así encontrar una pareja equilibrada también.

Lo interesante es comprender que mujeres y hombres tenemos energía masculina y energía femenina. Independientemente del género o las preferencias todas las personas podemos aprovechar cada una de esas energías en diferentes momentos de la vida, pero para aprovecharlas es necesario conocerlas, descubrirlas en uno mismo y usarlas.

ENERGÍA FEMENINA	ENERGÍA MASCULINA
• La vida tiene curvas y remolinos	• La vida es recta y angulosa
• Facilidad para hacer	• Capacidad para lograr
• Creatividad	• Pragmatismo
• Pensamiento mágico	• Pensamiento estructurado
• Intuición	• Acción
• No tiene límites: *nosotros*	• Crea individualidad: *yo*
• Imagina el potencial	• Aprovecha el potencial
• Pasión	• Protección

Cuando solamente desarrollas **energía masculina**:

- El enfoque va hacia el mundo externo.
- Se tiene una necesidad excesiva de reconocimiento y validación.
- Se pierde contacto con la intuición.

- No hay conexión con las necesidades emocionales; al estar desconectado de las necesidades, surge la inseguridad, lo que orilla al individuo a cubrir con estándares externos.
- Se busca el significado afuera: *tener más y aparentar más es igual a ser más. Esto otorga una falsa seguridad basada en lo material.*
- Existe una necesidad de competir y controlar.
- Hay alta dependencia en las reacciones de los demás: *si no actúas como yo quiero, te castigo.* Si no me obedeces es que no me reconoces y necesito que me reconozcas.
- Se experimentan sensaciones de tensión, ansiedad e impaciencia.
- Se tiene miedo a soltar, ceder o compartir el control.
- Hay una necesidad neurótica de orden.
- La preocupación es excesiva cuando se dan cuenta de que muchas cosas son incontrolables.

Cuando solamente desarrollas **energía femenina**:

- El enfoque va hacia lo interno.
- Se busca obsesivamente la armonía entre lo interno y lo externo.
- La percepción del "yo" es de debilidad.
- Hay una sensación constante de no poder resolver.
- Sensación de ser indefensas.

- Es muy difícil decir "no" y establecer límites claros.
- Hay una gran preocupación por lo que sienten los otros.
- Se profundiza demasiado en las emociones de los demás y se toma responsabilidad de ellas.
- Se experimenta tristeza, melancolía y depresión.
- Existe una sensación de vacío.
- Hay frecuente postergación y calma excesiva para actuar y decidir.

Las mujeres alfa han necesitado recurrir demasiado a su energía masculina para destacar en el mundo económico actual y, en ocasiones, les resulta complicado reconectarse con su energía femenina. Pero como vemos en la lista anterior, vivir en cualquiera de los extremos y desarrollar solamente una de las energías provoca una vida sin equilibrio y éste, a su vez, impone dificultades para generar relaciones que puedan ser funcionales.

En la naturaleza todo tiende al equilibrio y las relaciones humanas no son la excepción. La polaridad es la que genera atracción. Dicho de otro modo, en un sistema donde la energía masculina de la mujer es muy elevada, la forma de equilibrar el sistema es con energía femenina. Si una mujer es dominante en energía masculina, entonces el sistema se compensa con alguien a quien puede dominar. Si la energía es controladora, se equilibra con alguien a quien puede controlar. Pero hay otra forma. Si su energía es dominante y controladora puede ser equilibrada por alguien que sea aún más dominante y controlador.

Lo que encontramos, en cualquiera de estas combinaciones, es que el resultado no es óptimo. **Una relación de pareja, en donde hay un domado y un domador, se parece más a un proceso de domesticación que a una relación de pareja funcional**. En las relaciones es muy importante que coexistan las energías femeninas y masculinas de los integrantes de la pareja. Este intercambio de energías es saludable, por un lado promueve el equilibrio y por otro provoca polaridad.

Las mujeres, sean alfa o no, necesitan recordar que dentro de ellas, existe una fuente ilimitada de amor. Una habilidad natural y un potencial genético para amar. Es importante que dejen de buscar en la pareja un héroe que les salve de su prisión de soledad. Que las libere de la maldición de abandono o que las haga sentir mujeres, **porque ya lo son** y además, porque **el amor auténtico, sólo puede surgir de adentro, desde la reconexión con la propia esencia femenina**.

Existen también las mujeres beta. Este tipo de mujeres no son inferiores a una mujer alfa, pero si tienen menos necesidad de control, **no compiten para dominar el sistema, son mucho más pasivas y suelen ser más conciliadoras.**

La doctora Sonya Rhodes[3] asegura que todas las mujeres beta tienen algo de mujer alfa y viceversa.

MUJERES ALFA

Positivo: independientes, seguras, asertivas, aventureras, ambiciosas, corren riesgos, son determinadas y líderes.

Negativo: controladoras, obstinadas, cubren sus inseguridades con rudeza innecesaria, les cuesta trabajo conectarse con su vulnerabilidad, necesitan reconocimiento de la manada.

Positivo/ negativo: intensas, confrontativas, enfrentan el conflicto, se comunican de manera directa.

MUJERES BETA

Positivo: disponibles emocionalmente, colaborativas, confiables, compasivas, cuidadosas, buenas confidentes, juegan en equipo.

Negativo: dificultad para expresar enojo, ansiosas, autocríticas, pasivas-agresivas, se acomo-

3 Sonya Rhodes y Susan Schneider, *The Alpha women meets her match.*

dan en la zona de confort para evitar conflictos, se preocupan demasiado por lo que la gente piensa.

Positivo/ negativo: se adaptan, quieren complacer, no son competitivas.

No trates de meterte en una sola categoría, **recuerda que todas las alfa necesitan un poco de beta y todas las beta necesitan algo de alfa.** Una mujer que se inclina más hacia ser alfa necesita ceder un poco el control y conectarse con su vulnerabilidad para que pueda generar relaciones de pareja. Una mujer primordialmente beta necesita asumir su poder personal, asumir riesgos y confiar más en ella misma.

Realicé una encuesta a mujeres latinoamericanas entre treinta y cuarenta y cinco años. Les pedí que imaginaran a una mujer feliz y éstas fueron las preguntas que les hice después, te invito a que te tomes el tiempo de contestarlas.

Ésta fue la respuesta generalizada:

La mujer feliz es alta, delgada, tiene pelo largo y rubio. Está en pareja y es exitosa. Su vida social es agitada y cuando viaja, va a Europa. Principalmente a París o de compras a Estados Unidos. Su casa es grande y tiene un coche del año que suele ser una camioneta.

1. ¿Cómo es físicamente una mujer feliz?

¿Es alta o bajita?

¿Delgada o gruesa?

¿Pelo corto o largo?

¿Morena o rubia?

2. ¿Cómo son sus relaciones?

¿Soltera o en pareja?

¿Cómo es su pareja?

3. ¿Cómo es su vida social?

4. ¿Viaja?, ¿a dónde?

5. ¿Cómo es su casa?

6. ¿Tiene automóvil?

7. ¿Qué automóvil?

Es muy difícil y muy frustrante si las mujeres, independientemente de que seas alfa o beta, nos comparamos con *esa* "mujer feliz". Porque notarás que en la actualidad, no cuentas con la mayoría de esas cosas. Pero quiero que veas que eso es una trampa y que para ser feliz, lo primero que necesitas es romper con esas cadenas mentales que te hacen sentir que tienes que alcanzar esos estándares. No busques tus definiciones de felicidad ni en las telenovelas, ni en las redes sociales, ni en las revistas, porque solamente encontrarás frustración. **Busca lo que es felicidad para ti.**

EJERCICIO PARA DEFINIR QUÉ ES FELICIDAD

Felicidad es una emoción que como cualquier otra viene y va. Es una sensación de bienestar, alegría o satisfacción.

Una "persona feliz" experimenta el espectro de emociones como cualquier otra persona, pero lo que varía es la frecuencia con la que experimenta emociones de baja frecuencia. **Nadie es inmune a los estresores y a los incontrolables de la vida.** La diferencia es si te enfrentas a esos factores estresantes como momentos de crisis o como momentos de oportunidad.

Una buena forma de entender la felicidad es como un estado en el que sientes que tus necesidades están cubiertas. Te comparto estas ocho categorías que de alguna manera cubren las necesidades de la mayoría de las personas. Contesta las preguntas propuestas después de cada una de las categorías y descubre en cuáles de ellas necesitas poner más atención para acercarte a un estado de felicidad.

1. Bienestar: conexión mente-cuerpo-emociones y espíritu, aspectos de tu cuerpo físico que afectan tu estado de ánimo y viceversa.

¿Cómo consideras que es tu estado general de bienestar?

Muy bueno Bueno Regular Malo Muy malo

¿Por qué?

¿Qué acciones puedes tomar para mejorar tu estado de bienestar?

2. Medio ambiente: factores externos como la seguridad, la disponibilidad de alimentos, la libertad, el clima, la belleza y tu hogar.

¿Cómo te relacionas con el medio que te rodea?

Muy bien Bien Regular Mal Muy mal

¿Por qué?

¿Qué acciones puedes tomar para mejorar tu relación con el medio ambiente?

3. Placer: experiencias temporales como la alegría, el sexo, el amor y la alimentación.

¿Qué tanto placer experimentas en tu día a día?

Mucho Suficiente Poco Nada

¿Por qué?

¿Qué acciones puedes tomar para experimentar más placer en tu vida?

4. Relaciones: somos semigregarios, las relaciones interpersonales son la base de lo que significa ser humano. No pienses solamente en una pareja, aquí van amigos, familia y colegas.
¿En general, cómo son tus relaciones?
Muy buenas Buenas Regulares Malas Muy malas
¿Por qué?

¿Qué acciones puedes tomar para mejorar tus relaciones interpersonales?

5. Perspectiva: ¿cómo te acercas al mundo a través de la aventura, la curiosidad y haciendo planes?
¿Qué tanto te gusta hacer cosas novedosas y aprender?
Mucho Regular Poco Nada

¿Por qué?

¿Qué acciones puedes tomar para mejorar tu perspectiva?

6. Significado: tener un propósito en la vida y desarrollar la sabiduría para entenderlo

¿Qué tan conectado te encuentras con tu significado?

Mucho Regular Poco Nada

¿Por qué?

¿Qué acciones puedes tomar para acercarte a tu propósito?

7. Participación: para ser feliz, debes estar comprometido y participar activamente

¿Qué tanto participas en la creación de tu propia felicidad?

Mucho Regular Poco Nada

¿Por qué?

¿Qué acciones puedes tomar para participar activamente en la creación de tu felicidad?

8. Éxito: confirmación de ti mismo. La validación que tienes hacia ti y para ti.

¿Qué tan seguido te validas?

Frecuentemente Pocas veces Casi nunca Nunca

¿Por qué?

____

____

¿Qué acciones puedes tomar para comenzar a validarte más frecuentemente?

____

____

Puedes ir a www.karlalara.mx/losmodelosdelamor para encontrar una versión para imprimir de este ejercicio.

Como puedes ver hay muchas áreas en tu vida que nunca has cuestionado, es como seguir al pie de la letra unas instrucciones que están en nuestra cabeza sin detenernos a observarlas. Por favor no sigas leyendo sin antes dedicar tiempo a contestar el ejercicio anterior.

¡EN SERIO DEDICA TIEMPO A LOS EJERCICIOS!

Las mujeres en general estamos sometidas para aprender a ser de una manera, a vernos de una forma y a actuar bajo ciertos estándares que, en teoría, son el camino para "ser feliz". Hoy, la trampa está en que luches a toda costa por ser una mujer alfa, fuerte, independiente, única, líder, dominante y que dejes esas ideas de pareja y maternidad para las "débiles de carácter".

Lo que estamos perdiendo de vista, es que **eso ha generado que las mujeres se separen de su propia esencia, de su centro y de su equilibrio**. Esa persecución de ser alfa a toda costa genera frustración, dispara los miedos y produce confusión. Me he encontrado con mujeres alfa que se sienten culpables cuando se enamoran porque ¿qué tal si les dan ganas de casarse y tener hijos? **¿Qué tal si despierta en ellas el deseo de hacer familia y poner en segundo lugar su vida profesional?** ¿Tantos años estudiando y esforzándose para terminar así?

Es muy duro confrontarse con esos pensamientos, llegar a esa etapa en donde el mundo exterior de exigencias se vuelve incongruente y difícil de asumir. Pero lo más difícil de enfrentar son las exigencias autoimpuestas. Todos esos años repitiéndose que no necesitan a nadie, que ellas pueden solas y todos esos años invertidos en su educación y en su desarrollo profesional pesan mucho y se vuelven cadenas y prisiones que no dejan salir a su verdadero yo.

Por eso, para mí es importante comunicar a las mujeres alfa algunos de los mitos que rodean a su enigmática presencia, porque he notado que uno de los retos es hacerse conscientes del rol que están jugando en la sociedad y que eso genera ideas y creencias alrededor de ellas, y que en muchas ocasiones se convierten en prejuicios que las alejan de la posibilidad de conectarse en primer lugar con ellas mismas y en consecuencia con otros.

Hablando de prejuicios...

El hombre alfa planteado desde la mitología representa la virilidad y lo deseable, se les juzga por actuar de manera tan primitiva y cavernícola desconectados de sus emociones. **Los hombres beta siguen luchando por obtener buenas calificaciones en la escala de masculinidad porque son demasiado suaves. A las mujeres alfa se les ha puesto la etiqueta de perras y machorras,** pero son buenas en el trabajo, mientras que a las mujeres beta se les considera sumisas, débiles y dejadas.

Vivimos una etapa en la que la mayoría de las personas juegan ambos roles, pues son jueces y son juzgados. Es difícil pensar que en esa dinámica podrán conectarse con su mejor versión. Equilíbrate y deja a los demás vivir su vida.

MITOS DE LA MUJER ALFA

Mito #1: No necesitan aceptación

Ciertamente las mujeres alfa se caracterizan por tener un marco de referencia interno muy sólido. Lo que quiere decir que no buscan complacer a otros con sus acciones, son determinadas, decididas y pragmáticas. Toman decisiones pensando en los resultados más que en los procesos. Corren riesgos y asumen el costo de ser cuestionadas y señaladas por sus métodos. A diferencia de las personas que tienen marco de referencia externo, que buscan quedar bien con todos para ser aprobados y que antes de tomar una decisión consideran todos los pros y contras del proceso y las reacciones de todas las personas involucradas en lugar de enfocarse en el objetivo.

En mi experiencia, todas las personas necesitan retroalimentación positiva y las mujeres alfa no son la excepción. De una manera u otra todos buscamos que se reconozca lo que hacemos. Regresando a la lista de energías, recordemos que las mujeres alfa desarrollan mucha energía masculina y una de las necesidades de esa energía es el reconocimiento y la validación. A las mujeres alfa les gusta cuando les recuerdan que son importantes, interesantes, inteligentes y atractivas. La necesidad de ser significativos (ser lo más importante para algo o para alguien), aplica para todos, pero sobre todo es una necesidad emocional con alta carga de energía masculina.

Es verdad que los cánones de la inteligencia emocional nos recuerdan a diario que no es una buena estrategia necesitar la aceptación de los demás para estar bien. Pero siendo honestos, **los seres humanos aprendemos desde muy pequeños que la aceptación es una señal directa de conexión positiva**.

En teoría nadie debería desear que los demás le aprobaran, eso es como una degradación. "Apruébame para saber que valgo", pero aunque en teoría suena muy bien, la verdad es que **todos necesitamos aprobación y por eso la buscamos y la confundimos con el concepto de aceptación** que funciona como un mecanismo distinto. *Acéptame completamente, no me califiques, no me hagas examen* *de admisión, solamente acéptame y punto.* ¿Es posible llegar a eso? Definitivamente sí. ¿Es sencillo? Definitivamente no. ¿Cuál es el camino para lograr generar relaciones de aceptación? **El camino del desarrollo personal y la conquista de la autodependencia.**

Por otro lado, todas las personas tenemos dos miedos universales, no importa de dónde vengas, todos compartimos estos miedos: miedo a no ser amado y miedo a no ser suficiente. Para todos comenzar a sentir estas emociones con más intensidad es una experiencia a partir de los dos años, cuando nos damos cuenta de que **no somos una extensión de nuestros cuidadores sino que somos individuos**. Es un momento de exploración, en el que, para descubrir la individualidad, irremediablemente cruzamos los límites que nunca antes habíamos percibido. Ahí se disparan estos miedos, cuando entra el conflicto entre la exploración, la autoridad y los límites que imponen nuestros cuidadores. Entonces por primera vez hacemos consciencia de que somos *otro* y eso nos hace sentir por primera vez que necesitamos hacer cosas para ser amados y para ser suficientes.

Es por eso que sin importar la edad, el género o las preferencias cuando una persona no se siente suficiente, experimenta mucho estrés y frustración. Eso impacta directamente en su estilo de vida y en la forma en la que se relaciona con el entorno. Estos dos miedos determinan muchas de las decisiones que iremos tomando a lo largo de nuestra vida como adultos.

Así que **sin importar qué tan alfa sea una mujer, sigue teniendo necesidades primarias.** Una de esas necesidades es amor y conexión. Estamos diseñados para vivir en manada. Es una necesidad emocional sentir la conexión con un grupo, porque sentirnos parte de algo más grande que nosotros, genera una sensación de certeza, confianza y tranquilidad.

Todas las personas necesitan cubrir de una u otra manera estas seis necesidades emocionales básicas. Cada persona pone diferentes grados de importancia a cada necesidad y además **cada individuo tiene conductas únicas que le ayudan a cubrir esas necesidades.** Comprender las necesidades emocionales es una de las llaves que abre la puerta del autoconocimiento.

Necesidades emocionales básicas

1. Certeza

2. Variedad

3. Ser significativos
4. Amor y conexión
5. Crecimiento
6. Contribución

1. Certeza: **todas las personas tenemos la necesidad de sentir seguridad**, estabilidad, control y consistencia por eso desarrollamos hábitos, rutinas y orden. Tener un lugar preferido para ir a comer, una ruta preferida para ir al trabajo, un platillo favorito, ropa que usamos cada vez que podemos, todas esas cosas nos ayudan a cubrir la necesidad de certeza. Sabemos que pase lo que pase podemos volver a esos lugares que consideramos seguros, que son predecibles y que nos aportan una sensación de control.
2. Variedad: **las personas somos complejas**, así que, si todo en la vida es certeza, entonces nos aburrimos. Por eso surge esta segunda necesidad. La variedad es el picante de la vida. La sensación de sorpresa, retos, excitación, lo que es diferente y lo que produce un poco de caos y novedad.
3. Ser significativos: **la necesidad de sentir que somos especiales**, que somos apreciados, valorados y merecedores de amor. Es sentir que somos lo más importante para algo o para alguien.

4. Amor y conexión: **la necesidad de comunicarnos**, de ser aprobados, de ser parte de algo y de sentir intimidad.
5. Crecimiento: **la necesidad de desarrollarnos a nivel emocional, intelectual, espiritual y físico**. La necesidad de llevar nuestra vida a un siguiente nivel.
6. Contribución: **la necesidad de dar a otros**, de proteger, servir y contribuir.

La luz (súper poderes) de una persona que prioriza la **certeza** consiste en lo siguiente:

Consistencia: eres estable y la gente confía en ti. Saben que aparecerás cuando dices que lo harás.

Realización de tareas: tus rutinas y tu necesidad de estabilidad significan que harás las cosas que prometes.

Fe: ya sea religión o una perspectiva positiva, tu fe en un poder superior o mayor que tú te lleva a tener un estado mental estable.

Organización: el ambiente de tu hogar y en tu trabajo es agradable. Es fácil para ti hacer que otros se sientan cómodos porque siempre tienes un plan para todo.

La sombra (kriptonita) de una persona que prioriza la **certeza** consiste en lo siguiente:

Rechazo absoluto al riesgo: debido a que siempre tienes un plan, es probable que no estés dispuesto a asumir riesgos en tu trabajo, en tus inversiones, en tus relaciones o en ningún aspecto de tu vida. Esto limita nuevas experiencias y te lleva a estancarte.

Indefensión aprendida: es fácil para ti caer en la trampa de pensar que no tienes control sobre una situación y por lo tanto rendirte y sufrir ante los incontrolables.

Comportamientos adictivos o destructivos: debido a que valoras sentirte en control puedes caer en comportamientos que no favorecen tu bienestar, pero que te dan seguridad: tomar, fumar, drogas o comida.

La luz de una persona que prioriza **variedad** consiste en lo siguiente:

Una sensación de aventura: siempre estás dispuesto a probar algo nuevo, desde la comida hasta el empleo. Otros pueden ver lo desconocido como aterrador, pero para ti la vida se trata de descubrir lo nuevo.

Adaptabilidad: interactuar con todo tipo de personas en todo tipo de lugares es fácil para ti.

Muchos intereses: ¿en qué no estás interesado? Esa es la verdadera pregunta. Puedes entablar una conversación estimulante sobre casi cualquier tema. Y si descubres que hay algo que no sabes, estás ansioso por aprender.

Energía: todo el tiempo estás moviéndote física y mentalmente. Evitas hábitos y rutinas porque te aburres con facilidad.

La sombra de una persona que prioriza **variedad** consiste en lo siguiente:

Odias tener un plan: dado que tienes la firme idea de que las cosas cambian todo el tiempo y que si no cambian las cosas entonces tú cambias, con lo que es probable que no estés dispuesto a planificar en ninguna de las áreas de tu vida.

Desenfocado: al tener tantos intereses, puedes involucrarte con demasiadas cosas a la vez y descuidarte a ti mismo u otros. Si algo no es interesante, es probable que lo dejes, la sensación en general con respecto a ti es que no eres confiable.

Comportamientos adictivos o destructivos: debido a que valoras tanto la variedad, tienes una necesidad de mantenerte estimulado. Esto puede manifestarse en varias formas, como comer en exceso, o no comer, beber o usar drogas. Lo mismo podría decirse de tus relaciones: desarrollas patrones que te dan la certeza de que constantemente habrá incertidumbre y variedad.

La luz de una persona que prioriza **ser significativo** consiste en lo siguiente:

Un sentido de propósito: sabes lo que estás haciendo y sabes por qué lo estás haciendo. No realizas actividades que te hagan sentir que pierdes el tiempo.

Logros: si tienes un objetivo, entonces harás lo que sea necesario para alcanzarlo. Te gusta ponerte metas y logras absolutamente cualquier cosa que te propones.

Cuidado y compasión: otra forma en la que obtienes importancia es a través del compromiso con la comunidad, la caridad y la filantropía.

Unicidad: ya sea por tu forma de vestir, de actuar o de estar, te destacas del resto con mucha facilidad.

La sombra de una persona que prioriza **ser significativo** consiste en lo siguiente:

Demasiado centrado en el estado: mides tu progreso en función de los demás, si sientes que alguien se ha adelantado te enojas. Los títulos y el dinero son medios que usas para demostrar tu superioridad.

Individualismo: siempre quieres liderar y te cuesta mucho trabajo seguir. Puedes parecer una persona fría e indiferente. Te cuesta trabajo relacionarte porque siempre tienes que sentir que eres el mejor.

Perfeccionismo: puedes llegar a ser demasiado crítico con los demás y contigo mismo.

Ira / violencia: la ira puede ser una forma de llamar la atención cuando te sientes insignificante; lo mismo ocurre con la violencia. También puede ser que desarrolles el hábito de tener o inventarte problemas más grandes de los que tienen las personas que te rodean.

La luz de una persona que prioriza **amor y conexión** consiste en lo siguiente:

Amor: ya sean amigos, familiares, compañeros o colegas eres amable y generoso con quienes amas. La pasión y el compromiso son claves para ti.

Compartir: das libremente a otros, apoyándolos a través de problemas y alegrías. Estás allí para compartir lo bueno y lo malo en tu vida y en la de los demás.

Vinculación: la gente confía en ti, incluso si acaban de conocerte. También sabes obtener conexión pasando tiempo en la naturaleza o viviendo con un animal de compañía.

Comunidad: para ti es muy importante pertenecer, y lo haces a través de equipos, grupos sociales, comunidades de fe y / o causas. Los lazos sociales fuertes son vitales para tu bienestar y estás dispuesto a darles energía para que los lazos perduren.

La sombra de una persona que prioriza **amor y conexión**:

Auto-sacrificio: te interesas tanto cuidando a los demás que muchas veces te es difícil decir "no" a otros, aunque eso signifique pasar por encima de ti.

Grandes problemas: tener un gran problema puede ser una forma de obtener simpatía y una sensación de conexión con los demás. Ya sea enfermedad, lesión u otros problemas, cuando sientes que no hay conexión, "algo" pasa que te lleva a conectar con otros desde el drama y la tragedia.

Acostumbrarse: perder el amor y la conexión causa un dolor que parece que no tendrá final, por lo que estas personas se acostumbran a obtener aunque sea migajas de una relación, en lugar de arriesgarse a estar solo y encontrar otra conexión más profunda a través del amor en otro lugar.

Mito #2: Son arrogantes

Es muy común **confundir la seguridad con la arrogancia**. Recuerda que una de las características necesarias para ser alfa, es que las mujeres deben entrar en contacto con su energía masculina. Es la percepción del observador ante esa energía, la que puede generar una sensación de egocentrismo, egolatría o arrogancia y no reconocer que lo que tiene delante es sencillamente una mujer segura.

Veamos las diferencias:

El egocentrismo es una valoración excesiva de la propia personalidad, es una persona que se considera el centro de todo. Una persona ególatra es alguien que se admira en exceso, mientras que una persona segura es una persona equilibrada, alguien que reconoce sus limitaciones, sus fortalezas, que tiene confianza en sí misma y por lo tanto no tiene miedo de equivocarse, porque sabe que si se equivoca, encontrará la manera de resolverlo.

En la práctica, es fácil que, a primera vista, una persona arrogante nos haga creer que es una persona segura, mientras que una persona segura puede hacernos sentir que es arrogante, pero una vez que identificas las diferencias, te darás cuenta de que son personalidades absolutamente opuestas.

Una persona arrogante suele exigir privilegios por la importancia que se atribuye. Se cree superior a todos los demás, aunque en realidad es una persona acomplejada. Es una persona que cree que siempre tiene la razón, aprende menos y esconde sus equivocaciones porque no es capaz de lidiar con sus propios errores. Es una persona que no se relaciona bien con los demás y que no genera relaciones íntimas porque no confía en los otros y porque se siente superior a todos. Habla mucho y escucha poco. Todo el tiempo busca demostrar que es superior. Las personas arrogantes se rodean de individuos que necesitan algo de ellos, porque establecer intercambios les hace sentir aprobados.

Las personas seguras son totalmente lo opuesto, entienden que siempre se puede aprender de los demás y son personas equilibradas. Saben que pueden equivocarse, asumen sus errores y también las consecuencias. **Son personas que se relacionan bien con los demás y que generan relaciones íntimas porque confían en los otros.** No tienen que hablar mucho, de hecho, la seguridad es silenciosa, mientras que las inseguridades suelen ser muy ruidosas. No les interesa demostrarle nada a nadie y no buscan aprobación porque la mayor parte del tiempo se sienten suficiente.

Karen Horney, en su teoría de la neurosis, dice que *la arrogancia es el producto de la compensación que ocurre en el ego por tener una autoimagen inflada. Es decir, la persona ejerce los derechos que cree tener por la importancia auto atribuida de su autoimagen.*

Cuando una mujer alfa actúa de manera arrogante, de alguna manera está compensando el intercambio energético de energía femenina a energía masculina. Lo que demuestra que, en la actualidad, para muchas mujeres, el hombre sigue abarcando más espacio y por lo tanto, este comportamiento es el producto que resulta de *imitar al hombre,* "inflando el ego".

"Los hombres abarcan más espacio", esto es un acercamiento de la mente inconsciente ya que físicamente suelen ser más grandes. Es por ello, que al ocupar menor espacio físico, algunas mujeres alfa desean adueñarse de un espacio más amplio, al menos en su inconsciente, inflando el ego.

El ego inflado no es sino una respuesta del *yo* ante un miedo latente. A mayor nivel de miedo, mayor es el ego. ¿Miedo a qué? Nuevamente nos topamos con el miedo universal de no ser suficiente. Por lo tanto, el acto respuesta es ser arrogantes, demostrando poder desde un lugar carente, que genera neurosis, necesidad de control y la obsesiva búsqueda de demostrar superioridad.

Mito #3: Siempre son seguras

No existe una persona que sea segura siempre. Absolutamente todas las personas tenemos áreas en las que nos sentimos mejor y otras en las que reconocemos algunas limitantes. El caso de las mujeres alfa no es la excepción, por supuesto que sienten momentos de inseguridad con respecto a su físico, a su inteligencia, a sus habilidades, a su asertividad, a su forma de vestir o a su rol en la manada.

Las razones por las cuales una mujer puede sentirse insegura son indefinidas e ilimitadas. Aunque en ocasiones las mujeres alfa parecen de hierro, no podemos ignorar que su esencia, su centro, *es femenino*. Aunque jueguen a ser indomables, siempre quedará guardada una porción de vulnerabilidad que anhela ser descubierta.

Es el choque de dos mundos en el que por un lado, el mundo exterior le exige a la mujer ser fuerte todo el tiempo. A no permitirle mostrar su vulnerabilidad porque eso la haría ver débil frente a los demás, y si eres débil no eres alfa. Y si no eres alfa, quizá no merezcas ser considerada para una posición directiva dentro de una empresa porque eso exige que seas segura. Mientras que, por otro lado, el mundo interno pide a gritos un poco de menos lucha, más equilibrio y más vulnerabilidad.

Cientos de líneas se han escrito alrededor de la noción de que **el miedo es un medio de control.** Ésta no puede ser la excepción. En estos tiempos el mensaje es que si no eres mujer alfa, no vales y no mereces tener la posibilidad de entrar en los círculos del éxito. Esa idea conecta en automático con el miedo de no ser suficientes y una persona que tiene miedo es una persona que está en estado de supervivencia, irremediablemente se vuelve más reactiva y menos equilibrada. **No todas las mujeres tienen que ser alfa para sobrevivir en el mundo profesional** y para las que lo son, no es necesario que luchen tanto contra ellas mismas.

Debido a los estereotipos que siguen existiendo y a las influencias culturales, la seguridad no es percibida igual en mujeres y en hombres. **Mientras que a una mujer segura se le suele confundir con una mujer arrogante, a un hombre seguro se le suele considerar exitoso.**

Veo a cientos de mujeres actuando como alfa desconectándose de sí, llenas de una lista de miedos, pero eso sí, aferradas a garantizar el éxito económico y la trascendencia profesional. Es un sistema cruel que nos lleva a pasar del *pienso, luego existo*, al *tengo, luego soy*. Te propongo un acercamiento nuevo: *Siento y estoy, por lo tanto soy*. **Recuerda que tú ya eres alguien y fuiste diseñado en la misma fábrica cósmica que diseñaron a las personas que más admiras.**

A continuación presento algunos mitos que son generalizados hacia las mujeres y que son obstáculos que nos separan de la posibilidad de conectarnos.

Mito #4: Todas quieren casarse

Me temo que esa idea va perdiendo validez conforme pasa el tiempo. Cada vez son más las mujeres que deciden vivir su vida en pareja, pero que no buscan el matrimonio como institución. Éste es uno de los mitos que más daño hace a las generaciones de mujeres que se encuentran en el rango de edades culturalmente considerado como idóneo para casarse, "cumpliendo treinta y arriba". Cientos de ellas que quedan descartadas porque los hombres creen que lo único que quieren es casarse. Bien valdría la pena que los varones revisaran esta creencia porque seguramente se sorprenderían de encontrarse mujeres maduras que lo que quieren no es un esposo, sino un compañero, un cómplice y un amante.

Considero que en este sentido, se vuelve más un tema de presiones sociales que de verdadero deseo. Mujeres que se acercan a los treinta, comienzan a ser cuestionadas constantemente por sus familias con frases como: "*¿Y tú para cuándo? Hija yo quiero nietos, ya te tienes que apurar*". O un clásico: "Dime la verdad, ¿te gustan las mujeres o por qué no te has casado?". Sin contar las presiones que ejercen las redes sociales en donde al abrir cualquier perfil, encontrarás fotos de bodas, anuncios de nuevos compromisos y todas esas imágenes que refuerzan la idea de que "si una mujer pasa de los treinta y no se ha casado, entonces se está quedando".

¿Te das cuenta de todos los mensajes incongruentes? Por un lado, **"dedícate a trabajar y a tener una carrera profesional sólida"** y, por otro, **"¿Cuándo piensas casarte?, porque ni modo que seas quedada".**

Cuando no sabemos poner pausa a toda esa información es totalmente natural sentirse un poco abrumada. La verdadera pregunta para las mujeres alfa es *¿tú qué quieres?* No qué es lo correcto, lo debido, o lo que se espera de ti, sino lo que tú verdaderamente quieres. Pon una pausa a la vida, regálate un tiempo contigo y contesta esta poderosa pregunta:

¿Qué quieres?

En este mundo hacen falta pausas, momentos de unicidad y quietud para hacer consciencia de nuestras necesidades reales, de lo que queremos, de lo que consideramos felicidad.

Necesitamos recordar que para encontrarnos y equilibrarnos, la salida es hacia adentro.

No importa si eres mujer, hombre, alfa o beta. **Por favor no sigas leyendo y dedícate unos minutos a reflexionar en esta poderosa pregunta.** Haz a un lado todo lo que te han dicho que tienes que hacer, conéctate con tu corazón y contesta a la pregunta "¿qué quiero?".

Puedes ir a www.karlalara.mx/losmodelosdelamor para encontrar un video con la explicación para elaborar sobre este tema tan relevante. Si hasta ahora no has ido a revisar la serie de recursos adicionales, créeme éste es un buen punto para comenzar, porque estos ejercicios van a darte una perspectiva distinta de tu propia vida.

Mito #5: Todas las mujeres están locas

Una de las creencias más limitantes que circulan en el colectivo imaginario y una de las frases que pasan de boca en boca sin ser cuestionadas. **"Todas las mujeres están locas" es el argumento número 1 cuando alguien ha tenido una discusión fuerte con una mujer y quedó enredado** entre los argumentos sólidos de su lado alfa y la volatilidad del pensamiento mágico que se esconde en su energía femenina.

Honestamente, no se puede ser completamente cuerdo en un mundo que exige tanto, que cambia tan rápido y en el que la información cambia a

En mi vida personal, yo quiero

En mis relaciones de pareja, yo quiero

En mi trabajo, quiero

En mis finanzas, quiero

En mi espiritualidad, quiero

En mi salud, quiero

la velocidad de un *click*. Hoy la tendencia es la soya, mañana resulta que la soya es mortal. Hoy el aceite de coco es lo mejor que puedes hacer para tu cuerpo, mañana el aceite de coco está asociado a cientos de enfermedades. ¡Es una locura!

Naturalmente todas las personas atraviesan por periodos en los que les es complicado manejar sus emociones. Pero eso no significa que estén locas, solamente significa una **falta de desarrollo de habilidades de inteligencia emocional, falta de equilibrio y falta de congruencia.**

Comprensiblemente y aunado a las presiones a las que se enfrenta el género femenino –familia, sociedad, jefes, amigos y pareja– cada una de estas esferas exige conductas, códigos y comportamientos diferentes. Por supuesto que es para enloquecer si tratamos de dar gusto y de cubrir todos esos estándares. Cualquiera pierde el centro si asume la responsabilidad de la estabilidad de los demás. La alegría, las necesidades, las dificultades y la vida de los miembros de tu familia, de la sociedad, de tus jefes, de tus amigos o de tu pareja no son tu responsabilidad.

A decir verdad, no se puede ser completamente cuerda en un mundo que exige tanto.

¿Cómo no perturbarse cuando hay tantas personas a las cuales complacer? Satisfacer a todos es una mala estrategia de vida y una forma aprendida y después autoimpuesta de presión terrible. No importa qué hagas, nunca será posible tener a todo el mundo contento. Libérate de esa opresión y concéntrate en buscar lo que verdaderamente te hace feliz. Y **si en este momento no sabes lo que te hace dichosa, no es tan grave, solamente no dejes que siga pasando el tiempo y regresa tu atención a la persona más importante que conoces, tú misma.**

Dedica tiempo a hacer este chequeo:

¿Quién soy?	¿Qué quiero?
______________________	______________________
______________________	______________________
______________________	______________________
______________________	______________________
______________________	______________________

¿Qué es felicidad para mí?

¿Cómo me veo en un año?

¿Cuáles son mis metas a largo plazo?

¿Cuáles son los miedos que me alejan de alcanzar esas metas?

¿Qué puedo comenzar a hacer hoy para acercarme a la vida que quiero?

¿Qué aprendo con estos ejercicios de reflexión?

Estas preguntas sirven de pauta para poder hacer un mapa de ruta que te regrese a casa, al lugar seguro… a ti. No te sientas mal si de entrada te cuesta trabajo contestarlas, no son preguntas a las que estemos acostumbrados o en las que meditemos constantemente. Ten paciencia y dedícales tiempo. Imagina que cada respuesta es una pista para regresar a ti, a tu fuente de poder personal.

¡No sigas leyendo!

En serio, haz una pausa y dedica un tiempo a contestar las preguntas. Puedes ir a www.karlalara.mx/losmodelosdelamor para encontrar un formato descargable con estas preguntas para que puedas trabajar en ellas.

Mito #6: Siempre son indecisas

Completamente erróneo *o ¿será verdad?…* **Las mujeres utilizamos en promedio trece mil palabras más que los hombres.** Está comprobado que las mujeres ponemos mayor atención a detalles y nos detenemos a conversar, porque esto activa las áreas de recompensa del cerebro femenino.

"El hecho de que ellas hablen más y entiendan mejor es fundamental para que sean más empáticas, pueden ponerse en el lugar del otro ante un problema y sean más sensibles a las explicaciones. Nuestra cotidianidad depende en mucho de cómo las mujeres explican las cosas y entienden los problemas".[4]

Lo que sucede es que las mujeres pueden pensar en más posibilidades. El pensamiento femenino no es siempre secuencial, sino que deja espacios para divagar. Esto permite que mezclen información o que puedan considerar diferentes panoramas. Sé que esto parece complejo, tengo la fortuna de poder observar de primera mano este fenómeno. **Estar hablando de una cosa y de pronto recibir una información que no se alcanza a entender de dónde salió.** Es como ser observadora en una carretera de alta velocidad en la que los coches no van en una sola dirección y no mantienen una velocidad constante, sino que hay coches que salen de todos lados, a distintas velocidades y van en diferentes sentidos. A veces, así opera el pensamiento mágico y yo sigo pensando que es fantástico.

En ocasiones, las mujeres alfa están muy concentradas en ser prácticas, y hay un engaño y una falla al pensar que necesitan comunicarse como lo hacen los hombres; sin rodeos, sin fantasías,

4 Eduardo Calixto, *Un clavado a tu cerebro*, México: Aguilar, 2017.

directo al grano. La energía femenina no se comunica de esa manera, por el contario, **la energía femenina nos regala la maravilla del pensamiento mágico**.

CASO 528: AMARILLO

Laura y Héctor viven en pareja desde hace cuatro años. Nos conocimos porque tenían problemas para comunicarse y querían tomar sesiones de coaching. En una sesión con ellos decidí realizar un ejercicio: solicité a Laura que eligiera un color entre el rojo, verde, azul y amarillo. Le pedí lo mismo a Héctor. Al cabo de unos minutos le dije a Héctor: "Dime qué color has elegido" y él contestó sin titubear: "Amarillo".

Posteriormente le pedí a Laura que me dijera el color que había seleccionado, a lo que respondió: "No puedo decidirme, ¿te digo el que realmente me gusta o el que estoy sintiendo en este momento?".

En ese punto descubrí en la cara de Héctor una expresión de desconcierto y confusión. Me acerqué a él y le dije: "Esto que acabas de presenciar, mi querido amigo, es el pensamiento mágico de una mujer".

El pensamiento mágico es una característica especial de las mujeres. Es una forma de abordar la realidad desde lo imposible. Casi desde lo que se sabe que no sucederá, pero que de cualquier forma se espera y se anhela.

El pensamiento mágico está lleno de posibilidades y deseos. Es la agotadora búsqueda de una perfección inexistente. Una excelencia que las mujeres no conocemos, pero que de cualquier forma esperamos, anhelamos, deseamos y soñamos. Es una emoción indescifrable, una espera ansiosa para que ocurra algo mágico que cumpla con todas las expectativas que se tienen de casi cualquier cosa.

El pensamiento mágico tiene atributos muy positivos cuando lo usamos para no conformarnos con algo que no nos convence, pero puede tener un peso negativo cuando nos lleva a obsesionarnos con la idea de encontrar algo que no existe.

Por ejemplo: si quieres cambiarte de casa, es buena idea que no te conformes con la primera que visites, puedes ver distintos lugares hasta que encuentres una que satisfaga tus necesidades. El problema surge cuando en tu cabeza comienzas a armar una casa con atributos de cada una de las casas que ya viste: *quiero que tenga la terraza de la primera, la iluminación de la cuarta, la distribución de la octava, la ubicación de la segunda y los acabados de la tercera*. Eso es pensamiento mágico en toda su expresión, recortas pedazos de cosas que si existen y armas un Frankenstein a tu medida. Puede ser divertido, pero muy enredado.

Otro ejemplo: cuando quieres decorar tu casa y contratas a un decorador. En tu cabeza ya está lista la casa de tus sueños, pero el ejercicio es hacer la traducción de tus deseos, a información que el decorador pueda comprender. Si tú dices rosa, no esperes que el diseñador le atine al tono exacto de rosa que tú ya visualizaste. Si dices acabado en madera, no creas que el otro entenderá a qué madera te refieres. Aprende esto de memoria: **nadie vive en tu cabeza, no te desesperes si las personas no entienden lo que quieres decir y mejor busca una manera más efectiva de comunicar.**

En resumidas cuentas, el pensamiento mágico no es algo que pueda comprenderse, es de esas cosas que no se piensan, sino que más bien se sienten. En muchas ocasiones, resultará en contradicciones y en alguna que otra extravagancia. Por lo que no vale la pena engancharse con él. No resulta provechoso buscar la lógica del pensamiento mágico porque muchas veces no la habrá.

CASO 46: IDENTIFICANDO EL PENSAMIENTO MÁGICO

Victoria y Carlos son pareja. Ellos llevan un tiempo en sesiones de coaching y ya habíamos abordado el tema del pensamiento mágico. En una sesión Carlos me regaló el siguiente relato:

"Ayer fuimos al centro comercial. Cuando salimos de casa Victoria dijo que ella quería manejar. Al salir le dije que tuviera cuidado porque vi que venía un auto, ella me pidió que no le dijera nada porque la ponía nerviosa. Yo me quedé callado y continuamos el trayecto.

Llegamos al centro comercial y de regreso dijo que nuevamente quería manejar. Se subió al coche y cuando íbamos en una curva yo solamente cerré los ojos y giré la cabeza porque sentí que iba a pegarle a un camión. Ella lo notó. Con mucho cariño extendió su mano a mi pierna y me dijo: *Amor cuando te sientas nervioso por favor dime...* Yo la miré con extrañeza porque hacía apenas unas horas me había pedido que no le dijera nada. Ella sonrió y dijo: *¿Ese es el pensamiento mágico que nos dijo Karla en la sesión verdad?*

En muchos momentos, el pensamiento mágico se hará presente en tu vida si estás cerca de mujeres y eso es muy positivo. Para mí, la evolución de la humanidad ha estado siempre inspirada por el pensamiento mágico, por la creación de posibilidades que en algún punto eran sólo ideas en el mundo interno de alguna mujer.

Entonces, **una mujer en su esencia de energía femenina equilibrada es un regalo de posibilidades y fantasías**. Es un ser que fluye, que se divierte, que juega y que es libre de existir. Puede o no ir en tacones, puede o no ir maquillada, pero es ella. Auténtica y verdaderamente ella. La que no se preocupa todo el día por estar peinada y a la moda, sino que se atreve a realizar actividades que a lo mejor la despeinen y las disfruta. No es víctima del sistema ni de los tiempos, ni de las estructuras o de las jerarquías. No le importa el control que ejerce en los demás porque sabe el poder que vive en ella. Una mujer alfa que sabe conectarse con su lado más femenino es un verdadero regalo y estar en su presencia es una fuente inagotable de sorpresas agradables.

Aprender a disfrutar del pensamiento mágico es una buena habilidad a desarrollar para cualquiera que desee aprovechar la compañía de una mujer.

NO ENTIENDO A LOS HOMBRES

Una de las ideas que más escucho de las mujeres es que no entienden a los hombres. No entienden **por qué son tan callados**, no comprenden **por qué a veces quieren estar solos**. No entienden **por qué no les comunican lo que sienten** o **por qué no les ofrecen una disculpa cuando se han equivocado**.

Para todas las mujeres será mucho más fácil si comprenden y hacen consciencia de que los hombres efectivamente piensan diferente. **La mayoría de ellos percibirá el mundo desde un punto de vista mucho más lógico que emocional**. Recuerda que eso genera equilibrio. Un mundo en el que todo fuera emocional (considerando a las emociones como algo cambiante y pasajero) sería caótico. Así como un mundo totalmente racional, sería despiadado y cruel.

CASO 528: GRIS CLARO *VS* GRIS CLARITO

En una ocasión estaba en una tienda y presencié una linda escena. Una mujer entró al vestidor y se probó una blusa gris. Salió y le preguntó a su novio que si esa blusa le gustaba. Él dijo que sí. Volvió a entrar al vestidor y esta vez se probó otra blusa gris, pero era un poco más suelta y larga. Salió y le dijo a su novio: "¿Cuál te gusta más?, ¿ésta o la anterior?". El novio la miró y le dijo: "Son iguales". Ella lo corrigió diciendo: "No son iguales, la otra es más corta y pegadita, ésta es más larga". Él dijo: "Las dos son grises y se te ven bien". Y ella le dijo: "Sí, pero ¿cuál prefieres?". Él dijo: "Si las dos te gustan, llévate las dos". Ella enfadada dio la media vuelta y regresó al vestidor malhumorada.

Mujer, ¿quieres un consejo?, no metas en esas complicaciones a los hombres y ahórrate un enojo garantizado. No les hagas preguntas como: "¿Qué notas de nuevo en mí?" o "¿Te gusta cómo depilé mis cejas?", porque a menos que anteriormente hayas usado el estilo Frida Kahlo de la uniceja, no notará que hayas quitado algunos vellos. No te enojes si él no nota que cambiaste tu tinte medio tono más claro. No te frustres si no ha advertido aún que te pintaste las uñas o que traes un bolso nuevo. Es mejor si comprendes que él no pone atención en esas cosas. Y si quieres que lo haga, necesitas aprender a pedirlo de una manera amorosa, todo aquello que se exige, a pesar de obtenerlo, tiene un sabor amargo.

Es importante que sepas que hay diferencias significativas en el cerebro de los hombres y el de las mujeres. Esto es biológico y es definitivo, no somos iguales y nunca lo seremos.

"Los cerebros masculinos son más pesados y están menos conectados". En palabras de mi querido colega Eduardo Calixto en su libro, *Un clavado a tu cerebro*. Cuando se analiza la cotidianeidad de algunas conductas entre la mujer y el varón: los compromisos, la elección de prioridades, la forma de divertirse y la forma de expresarlo. Estas diferencias estriban en la anatomía y la fisiología del cerebro. Aunque ambos cerebros, en proporción tienen un semejante número de neuronas, la conexión de algunos núcleos cerebrales es más grande y más rápida en el cerebro de las mujeres. No se trata ahora de discutir por quién tiene un mejor cerebro, solamente es para anotar que **hay diferencias biológicas y que son determinantes en la forma en la que respondemos ante la vida.**

Un cerebro de hombre enamorado procesa la información en forma lenta. Los detalles no son tan importantes y las palabras no fluyen con la intención que las mujeres esperan. El cerebro de las mujeres es más rápido, eficiente e intenso para enamorarse. **La mayoría de los hombres son de pocas palabras, de entendimiento prác-**

tico, las mujeres son más intensas en la expresión del lenguaje, la emotividad y la forma de hablar.

Te propongo cuatro puntos clave que puedes integrar a tu vida para entender un poco más a un hombre:

1. *La primera es el respeto.* Ante cualquier intercambio entre personas el respeto debería ser la base no cuestionable, ni negociable. Cuando una persona siente desaprobación constante de las cosas que hace, dice, de su carrera o que simplemente es tomado como alguien inferior, **será difícil que se abra emocionalmente contigo**. Es complicado y casi ilógico pensar que alguien puede amarte como tú deseas que te ame, si en lugar de ser compañera, pareja y amante, eres más como una mamá regañona, que tiene expectativas altísimas y a la que todo lo parece poca cosa. Una respuesta natural ante este comportamiento es cerrarse y retraerse. **Para la energía masculina es muy importante ser significativo**, y si todo el tiempo cuestionas lo que hace y cómo lo hace o juegas el rol de estarlo educando todo el tiempo, porque todo lo hace mal, entonces impactas de manera directa en su energía masculina y en su ego. Así que respeto, debes entender que cada personas es distinta y que cada quien tiene formas diferentes de hacer las cosas.

2. *La segunda es ritmo en el espacio emocional.* **Para muchos hombres, no resulta tan sencillo estar conectados con su parte sensible.** Esto tiene que ver con un aprendizaje cultural desde que eran niños. Es importante que adquieran ritmo, para que lentamente comiencen a abrirse y a entrar en contacto con su propia parte emocional. No lo lograrás con exigencias. Cada vez que tú exiges que se abra contigo, la fuerza del equilibrio lo lleva a retraerse aún más.

No es que los hombres no tengan emociones, lo que ocurre es que **la cultura les va enseñando que no deberían estar en contacto con ellas, porque eso es de mujeres**. De tal forma que, en la vida adulta, para muchos resulta complicado abrirse a esta parte emocional. Sin embargo, si adquieres ritmo en el espacio emocional, si vas avanzando lento sin exigencias, y no invitándolo a no tener miedo (esa es una herida marcada en el cuerpo emocional). Si le compartes amor, entonces poco a poco él encontrará las vías para comunicarse con su área sensible y podrá empezar a desarrollar lenguaje emocional.

"El paradigma de la fortaleza masculina ha obrado en dos sentidos: por una parte ha bloqueado de manera inclemente su natural debilidad humana y por otra ha promovido una serie de costumbres exhibicionistas en favor de su supuesta fortaleza. Así se genera por un lado, la represión de las emociones y por otro la dependencia de la aprobación social".[5]

Es importante que conozcas el concepto de *analfabetismo emocional*. **No todas las personas saben describir lo que sienten y eso no significa que no perciben**, sino que no saben cómo explicarlo. Eso sí puede pasar. No significa que el otro no te ama, sino que **no sabe expresar sus emociones por su analfabetismo emocional**. La forma de combatir esto es ampliar el vocabulario afectivo.

Si cuando te preguntan cómo te sientes tu respuesta es "bien", busca ser más específico en esa respuesta: contento, feliz, pleno, radiante, gozoso, tranquilo, jubiloso, eufórico, optimista. Por otro lado, si te sientes mal, busca específicamente qué significa "mal" –aburrido, triste, enojado, decepcionado, cansado, estresado, fastidiado, harto, molesto, disgustado, desilusionado–. Aprovecha

5 Walter Riso, *Lo que toda mujer debe saber acerca de los hombres*, México: Planeta, 2012.

el lenguaje tan vasto que existe para comunicar tus emociones y desarrollar lenguaje afectivo.

Hice una práctica con niños de tercero de primaria. Les pregunté qué emociones habían tenido durante esa semana, las respuestas fueron consistentes, había alegría, aburrimiento, cansancio y asombro. Les pregunté si acaso se habían sentido plenos. La respuesta fue que no, entonces me di a la tarea de explicarles lo que era la plenitud, les dije que era una emoción que sentías cuando todo estaba muy bien, un momento en el que se sentías que vivir era lo máximo. Dos semanas después, volví y realicé entrevistas haciendo la misma pregunta, 97% de los niños reportó que había sentido plenitud.

3. *La tercera es espacio.* Dáselo. **Está comprobado que los hombres requieren más espacio personal que las mujeres.** Ellos quieren tener tiempo para sus cosas. No lo celes, no lo cuestiones, no lo sofoques, no le reclames todo el tiempo, no lo pongas a elegir entre sus amigos y tú, entre su trabajo y tú, entre su vida antes de ti y tú. Las exigencias no sirven para que alguien esté cerca de ti. Al contrario, las exigencias te ahuyentan, te separan y te llevan a cerrarte a la posibilidad de poder regalar amor. **Nadie quiere sentir que la moneda de cam-**

bio para obtener amor sea la libertad o la independencia. Esas historias son crónicas de una separación anunciada.

Otorgar espacio para que el otro sea libre

Uno de los peores errores es querer tener a tu pareja como si fuera un objeto que te pertenece. Cuando escucho a las personas decir algo como ¿pero por qué prefiere ir con sus amigos en lugar de estar conmigo?, ¿por qué puede ser feliz sin mí? Pienso que están poniendo el enfoque en el lugar incorrecto. No necesariamente es que elijan hacer aquello, antes que estar contigo. Lo que es un hecho es que la sensación de tener que sacrificar ese espacio de independencia para complacerte funcionará algunas veces. Pero tarde o temprano generará conmoción, porque históricamente las personas luchamos cuando sentimos que alguien o algo nos quita la libertad. No vayas perdiendo batallas queriendo quitarle la libertad a nadie. Recuerda que por más que ames, la otra persona no es tuya, no te pertenece. **Dejar ser y darle el espacio a nuestra pareja es fundamental para que las relaciones funcionen.**

Considera que una persona que es feliz sin ti es una persona que está completa emocional-

mente y que no está mutilada. No te necesita para vivir, sino que elige compartir su vida contigo. ¿Es mejor ser necesaria que elegida o al revés? **Si eres dependiente emocional, entonces querrás que el otro te necesite.** Si te liberas de ese pensamiento, vivirás con mayor tranquilidad y libertad afectiva. No desde el cuerpo emocional herido que suplica que le necesiten, sino desde la autonomía de decidir compartir un espacio con alguien. Acá nada de medias naranjas, ni de exprimidores y naranjas... funciona millones de veces mejor ser dos frutas que hagan un rico y nutritivo jugo.

4. *La cuarta es contacto físico*. **Hay un círculo vicioso que existe entre las parejas**. Por un lado, las mujeres se cierran al contacto físico cuando no sienten contacto emocional. Por otro lado, los hombres se cierran al contacto emocional cuando han pasado muchos días sin tener contacto físico. Es un juego siniestro entre dos cuerpos emocionales heridos. La regla no falla y es directamente proporcional: ***a mayor distancia emocional, mayor distancia física.***

La manipulación sexual es una de las peores y más crueles estrategias. El mensaje de no tendremos sexo porque no hiciste y no cumpliste es altamente negativo y profundamente doloroso. Recuerda que el sexo no es un premio ni un castigo, no debería de ser nunca un mecanismo para conseguir algo. **El acto sexual es un momento glorioso en donde dos cuerpos se unen, respiran el mismo aire al mismo tiempo, se entregan el uno al otro, para una pareja es la forma más elevada de comunicarse.**

Más distancia emocional es igual a más distancia física. Es un juego siniestro entre dos cuerpos emocionales heridos.

Lo que verdaderamente hace diferente una relación de pareja a una relación entre amigos es el sexo. Si llevas meses sin tener sexo con tu pareja y ya ni siquiera hablan del tema o todo lo referente al sexo es incómodo, entonces es muy importante que busquen ayuda. No te quedes con la idea de que es normal que después de un tiempo ya no tengan sexo, porque es una creencia muy limitante y falsa. **El sexo en la pareja es un medio de comunicación que necesita funcionar bien para ambos.**

Centro este capítulo en la relevancia que tiene la mujer alfa en los tiempos modernos, porque el surgimiento de estas mujeres ha transformado por completo los modelos del amor. Los nuevos roles que jugamos, la energía con la que vivimos y las expectativas que tenemos han movido todo el sistema.

El juego sigue siendo el mismo, la búsqueda de amar y ser amadas, pero nosotras decidimos cambiar las reglas y eso ha resultado muy confuso, no solamente para los hombres, sino para nosotras mismas.

¿Somos feministas?, ¿deberíamos serlo? Esta pregunta por si sola daría para escribir otro libro, pero mi objetivo es que te des cuenta de **todas las definiciones y diferencias que existen hoy y de todas las reglas que se van sumando a la lista de cosas por hacer para "ser mujer".**

Ahora con tantas etiquetas resulta que de acuerdo a tu categoría (alfa o beta) tienes ciertos atributos y ciertas limitantes y dependiendo de cómo te cataloguen los demás, entonces esos son tus permisos para ser de cierta manera porque eso es lo que se espera de ti.

Ninguna definición puede determinar cómo debes comportarte. Como dice mi querida Paulina Greenham en su conferencia "Mujer alfa": "la mejor mujer es la que eres cuando te asumes, puedes ser alfa como ama de casa porque todo el tiempo tienes que decidir y puedes ser beta en la oficina si quieres". **Ninguna mujer es mejor que otra, ni alfas, ni betas, todas necesitamos recordar que el secreto está en ser tú misma.**

En pocas palabras:

1. El surgimiento de tantos conceptos tiene aspectos positivos y negativos: mujer alfa, mujer beta, energía femenina y energía masculina, por un lado da estructura para comprender el complejo mundo de las relaciones interpersonales por otro nos confunde y favorece que prevalezcan los prejuicios.

2. Todas las mujeres alfa tienen algo de betas, y todas las betas tienen algo de alfas, dependiendo del entorno. Ninguna es mejor que la otra, el secreto está en el equilibrio.

3. Dejar al otro ser. **Ahora más que nunca resulta fundamental respetar la individualidad de los demás**. Hay que hacer espacio para que cada quien sea quien le da la gana. Respétate a ti, respeta a las otras mujeres, respeta a los hombres.

Respeta las diferencias y aprende de ellas.

4. Deja de competir con los demás. **No importa si eres alfa o beta no tienes que competir ni con las otras mujeres, ni con los hombres**. No te desgastes tratando de demostrar que eres mejor que los demás. Trabaja cada día para ser la mejor tú que has sido y no luches. Olvídate de la idea de que la vida es una competencia o una batalla, considera la alternativa de que la vida es un viaje, en el que se trata de recorrer cada kilómetro de la mejor manera posible.

5. Ámate mucho y **sé EXTRAordinario**.

¡ANTES DE CONTINUAR HAZ UN CHEQUEO!

1. ¿Cómo me siento hoy?

2. ¿En cuál de los seis hábitos de amor propio necesito mejorar?

3. Esta meta es importante para mí, porque:

4. Palomea los hábitos de amor propio que cumpliste hoy:

Dormir bien	
Comer bien	
Tomar agua	
Hacer ejercicio	
Práctica de gratitud	
Meditación/ Respiración consciente	

5. ¿Hoy mi meta es?

6. Una cosa que haré hoy para lograr mi meta es:

FECHA: / /

MAPA DE RUTA

1. EN DÓNDE ESTOY	2. EN UN AÑO VOY A ESTAR...
3. POR QUÉ ES IMPORTANTE	4. HABILIDADES QUE NECESITO

FECHA: / /

¿CÓMO ME SIENTO HOY?

ME SIENTO ASÍ PORQUE

HOY MI META ES...

ESTA META ME IMPORTA PORQUE...

1 COSA QUE HARÉ HOY PARA LOGRAR MI META ES

-

ESTOY AGRADECIDO POR...

FECHA: / /

¡Eres EXTRAordinario!

Segunda parte

Hombre moderno

Muchos hombres se han creído
la mentira de que no son suficientes.

¿QUÉ ES UN HOMBRE MODERNO?

Es el que se ha sometido al mundo como un medio para generar riquezas. Entre sus características debe estar **trabajar, producir, ganar dinero** y después, **consumir del mercado**. Es un hombre que generalmente se encuentra alejado de su creatividad y de su poder interior. En donde *lo que no puede hacer y lo que no debería hacer* son la orden del día. Realiza esfuerzos sin éxito para conseguir amor.

Naturalmente, en una cultura donde las relaciones humanas se vuelven prácticamente un espejo de las relaciones económicas de intercambio, **entonces el hombre moderno piensa que si tiene éxito profesional podrá encontrar a una buena mujer**

que lo ame, lo nutra, lo cuide y que nunca, por ningún motivo, atente contra su delicada masculinidad y su fragilísimo ego.

El asunto es que así como las mujeres han ido desarrollando más características de mujeres alfa, muchos hombres han desarrollado su lado beta, pero es difícil para ellos expresarlo, porque para los hombres, sigue siendo una medida de masculinidad que pase lo que pase, se mantengan firmes y estoicos aunque por dentro estén llenos de miedo.

CASO 149: SÉ COMO EL JEFE

Rubén, de treinta y cuatro años comenzó a ir a sesiones de coaching. Él anhelaba un ascenso en el trabajo porque estaba seguro de que eso le traería éxito con las mujeres. Insistía: "Es que yo veo lo bien que le va a mi jefe con las mujeres, debe ser fácil desde su posición".

Estuvimos trabajando muchas sesiones en sus creencias y una tras otra fuimos descubriendo que para él, **la única forma de acceder al amor de una mujer era teniendo mucho dinero.** Esto le generaba problemas en dos áreas, el aspecto financiero, porque cada peso que ganaba lo invertía para conseguir algo que no era amor, pero al menos el envoltorio era una mujer, y en el aspecto romántico porque generaba relaciones de intercambio, sin acercarse a la posibilidad de experimentar una conexión verdadera.

Unos meses de trabajo bastaron para que se diera cuenta de que esas creencias no lo iban a llevar a generar la relación que anhelaba. Cambió sus creencias, comenzó a tener una relación diferente con el éxito y con las mujeres y al poco tiempo conoció a Alondra. Hasta hoy mantienen una relación y el reporte de Rubén es que se siente contento compartiendo las responsabilidades con Alondra.

Hay muchos prejuicios todavía que fomentan que los hombres crean que el amor les va a llegar cuando tengan dinero. Erróneamente creen que con dinero van a poder "comprar" a la mejor "candidata" en el "mercado de solteras" y que eso les garantizará amor eterno. Se trata de trabajar mucho y ganar bastante para "ser un mejor hombre" que vale por lo que tiene y no por lo que es.

"Los varones poderosos y civilizados generan su propia feromona. No huele, pero se ve... el dinero, la más evidente señal de supremacía masculina civilizada, el hombre compra belleza y juventud y la mujer seguridad y protección".[6]

6 Walter Riso, *Lo que toda mujer debe saber acerca de los hombres.*

Creo que de alguna manera los hombres y las mujeres anhelamos además de ser amados, ser admirados porque sabemos que en la base de nuestros instintos más primitivos no es posible que el amor perdure si desaparece la admiración. Aunque nos pasa a todos, es una de las características de la presencia de energía masculina en la vida.

Entonces, **para muchos hombres, los días, se convierten en un circo en el que han de aparentar ser alguien que no son, corriendo el riesgo de que cuando por fin alguien los ame e inicien una relación, necesiten esforzarse todos los días por mantener la fachada** de ser un hombre que no son. Pero que saben que es deseable, al menos más codiciable que su verdadero yo. Porque se han creído la mentira de que no son suficiente. Cayendo en la trampa de "Es mejor que me amen por lo que puedo aparentar, a que me conozcan realmente y no me aprecien".

CASO 29: DISFRAZ DEL HOMBRE IDEAL

Para ejemplo está el caso de Luis. Su exnovia me visitó para sesiones de coaching. En uno de sus relatos, me contó que cuando conoció a Luis quedó impresionada. El tipo se acercó a ella y a su amiga, se sentó y comenzó a hablarles. La sacó a bailar y con un dejo de galantería enigmática, le dijo que no la besaría esa noche sino hasta la siguiente cita. Dejando en claro la seguridad que tenía de que volverían a verse. Le contó que tenía una moto. Que trabajaba y que le iba bien. Ella quedó muy sorprendida. Al día siguiente hablaron nuevamente. Dos semanas después se hicieron novios y entonces, el disfraz comenzó a desgastarse. En el relato ella cuenta que él lloraba por todo. Lloraba cuando discutían, cuando ella no le contestaba, cuando ella le preguntaba cosas acerca de su trabajo. Lloraba sin parar. Además, mentía y lo hacía muy bien. Engañaba porque aún no trabajaba y ni siquiera había terminado de estudiar. Mentía para que ella lo amara. Él se esforzó tanto por aparentar ser alguien que no era, para conseguir amor, pero claramente una mentira así de grande, es muy difícil de sostener y a la larga provoca más separación, más dolor y más vacío.

Los hombres necesitan darse cuenta de la importancia de trabajar en su propio desarrollo personal. Mientras sigan pensando que no necesitan tener habilidades para aprender a estar en pareja, entonces las relaciones que generen estarán destinadas al fracaso.

Lo que es un hecho es que **existen creencias colectivas que rodean la figura masculina. Hay afirmaciones que se han vuelto muy populares** y que muchas veces resultan en un impedimento para que las mujeres puedan conectarse con los hombres. Recuerda que no todo lo que se dice es verdad.

Los estereotipos no solamente han afectado a las mujeres, son de hecho uno de los mayores obstáculos para que los hombres se acerquen a su energía femenina. Hay información muy contradictoria de las expectativas sociales hacia ellos. Las mujeres quieren lo siguiente:

Un hombre seguro, pero sensible, tierno, pero que no esté encima todo el tiempo, exitoso, pero que no se obsesione con el trabajo, que les ponga atención, pero que no las sofoque, intelectual, pero que no sea nerd, fuerte, pero que no sea vanidoso. En palabras de Walter Riso **las mujeres quieren hombres que tengan trastornos de personalidad múltiple**.

Mucho bien nos haría cuestionar cada una de esas creencias colectivas que han sido instaladas en nuestro inconsciente desde pequeños, para **cerciorarnos de que el mundo en el que vivimos no es como nos han contado. Porque los hombres**

no son de marte, ni las mujeres son de venus, porque la mayoría de los hombres no tiene las características de autodeterminación de los Avengers, ni la fuerza de Aquaman, ni la galantería de James Bond y a muchos de ellos no les interesa la idea de ir a rescatar princesas con las que después de dos bailes, hagan la fiesta más grande del reino y vivan felices por siempre.

Por eso te propongo revisar algunos de los...

MITOS DEL HOMBRE MODERNO

Mito #1: son fríos, no tienen emociones

Negativo, **aunque para muchos hombres es complicado conectarse con sus emociones, eso no significa que no las tengan.** ¿Has escuchado estas frases?

- "Lloras como nenita"
- "Llorar es de viejas"
- "Los hombres no lloran"

Éstas son creencias colectivas que van permeando en el inconsciente de cientos de hombres. Es información que se queda guardada y que va moldeando el comportamiento. Son ideas que van haciendo daño al cuerpo emocional y lo llenan de miedo. Es por ello que en muchas ocasiones llorar o conectarse con sus emociones, les incomoda porque de alguna manera los pone en contacto con su vulnerabilidad y **desde que son muy pequeños les enseñan que eso está mal.**

Para los hombres es complicado romper la barrera social de segregación a la que se exponen cuando son sensibles y vulnerables. **Los cuestionamientos de la sensibilidad masculina surgen no solamente de otros hombres sino también de las mujeres.**

En nuestra cultura es común pensar que las mujeres deben entregar tiempo y encantos a un macho alfa dominante, que viva al borde del peligro y que haga demostraciones de rudeza, aunque muchas veces las mujeres se quejen penosamente de sus decisiones, la mayoría suelen enviar a la *friendzone* al tipo cuidadoso, sensible y responsable. **Es inexplicable y solamente a través del trabajo personal se puede comprender que la rudeza no reafirma, la rudeza solamente destruye.**

Resulta entonces comprensible que el problema no es que los hombres sean fríos o no tengan emociones, **el conflicto es el miedo y la desconfianza enorme de conectarse con su vulnerabilidad y**

de exponerse a pasar el resto de su vida en una cárcel que solamente tiene puerta para entrar y un letrero enorme que dice: "Lo amo tanto, es como mi hermano".

No obstante, hay algunos que se arriesgan y a lo largo de mi vida he conocido **hombres profundamente sensibles y en total contacto con sus emociones que desarrollan inteligencia y lenguaje emocional.** Tuve la fortuna y la grandiosa oportunidad de convivir con uno apasionado por la vida.

Comprometido con su desarrollo personal. Un inspirador que no le tiene miedo a sus emociones, sino que las disfruta y las comparte. Como su discípula, puedo decir que fue una experiencia fascinante ver a un hombre tan equilibrado en sus energías. Él decía que la única forma para aprender algo, es practicar constantemente y que hay que volverse obsesivos para lograr algo. Él alcanzó a salir de la alienación global para ser un gran maestro de vida, **curar su cuerpo emocional y mostrarse al mundo cálido, sensible y vulnerable.**

Es necesario para todos **abrir espacio en la mente para que sea posible expresar las emociones y así lograr obtener certeza de que no es ridículo, ni tonto, ni de débiles,** sino que reconozcamos el poder enorme que hay en abrir la puerta de las emociones y de la vulnerabilidad.

Así pues, la siguiente vez que creas que **el hombre que tienes frente a ti no tiene sentimientos sólo porque no te dice todos los días lo que siente**, o bien, porque no habla de sus emociones, recuerda que **eso no significa que no tenga emociones**, sino que probablemente no sepa cómo ponerse en contacto con ellas, tenga miedo, o bien que tiene analfabetismo afectivo y no sabe cómo expresar sus emociones.

La buena noticia es que **todos podemos aprender a desarrollar vocabulario emocional** y para eso un ejercicio: carga contigo una libreta y a lo largo del día **pon atención a lo que sientes y trata de ponerle nombre.** Te comparto una lista de emociones que todos podemos experimentar, prueba irlas conociendo, identifica en qué parte de tu cuerpo las sientes.

Puedes ir a www.karlalara.mx/losmodelosdelamor y descargar la siguiente lista de emociones para que puedas imprimirla y hacer el ejercicio. Recuerda que si puedes nombrarlo, entonces puedes experimentarlo. Todo lo que vives afuera tiene que comenzar dentro de ti. ¿Cuál de estas emociones quieres sentir hoy?

Emociones positivas

Amor
Alegría
Generosidad
Gozo
Afecto
Júbilo
Compasión
Esperanza
Libertad
Logro
Justicia
Agradecimiento
Aceptación
Acompañamiento
Bondad
Admiración
Apreciación
Benevolencia
Amabilidad
Alivio
Orgullo
Empatía
Integridad
Aprobación
Suficiencia
Armonía
Honestidad
Humildad
Concentración
Templanza
Tolerancia
Motivación
Felicidad
Firmeza
Fortaleza
Autonomía
Honorabilidad
Optimismo
Satisfacción
Seguridad
Simpatía
Cariño
Estima
Comprensión
Entusiasmo
Solidaridad
Respeto
Pasión
Paz
Placer
Compromiso
Fervor
Competencia
Plenitud
Omnipotencia
Encanto
Euforia
Éxtasis
Ilusión
Interés
Confianza
Cuidado
Apoyo
Contento
Dignidad
Vitalidad
Alborozo
Vitalidad
Complacimiento

Emociones tóxicas

Necesidad
Tristeza
Melancolía
Abandono
Aburrimiento
Abuso
Ausencia
Desmotivación
Susto
Amargura
Angustia
Agresión
Agobio
Ansiedad
Asco
Vacilación
Fastidio
Venganza
Vergüenza
Vacío
Hastío
Hostilidad
Humillación
Temor
Terquedad
Terror
Traición
Lástima
Manipulación
Menosprecio
Mezquindad
Miedo
Molestia
Fastidio
Fobia
Fracaso
Fragilidad
Frustración
Furia
Soledad
Rencor
Rabia
Recelo
Pánico
Imperturbabilidad
Parálisis
Pavor
Preocupación
Prepotencia
Pudor
Desprotección
Pesimismo
Incongruencia
Pena
Pereza
Pesadumbre
Odio
Enfado
Engaño
Estrés
Duelo
Enjuiciamiento
Enojo
Envidia
Resentimiento
Espanto
Entristecimiento
Estupor
Impaciencia
Desconfianza
Impotencia
Desconcierto
Incapacidad
Incompatibilidad
Incomprensión
Desventura
Indignación
Inestabilidad
Infelicidad
Inferioridad
Injusticia
Destrucción
Desamor
Insatisfacción
Inseguridad
Insuficiencia
Intolerancia
Ira
Irritación
Celos
Culpa
Censura
Cólera
Contrariedad
Dependencia
Depresión
Derrota
Desaliento
Desamparo
Desánimo
Desasosiego
Desconsideración
Abatimiento
Desconsuelo
Desdicha
Desencanto
Desesperación
Desgano
Desilusión
Desolación
Desorientación
Desprecio
Desprestigio
Desvalimiento
Devaluación
Dolor
Disgusto
Lástima
Desidia
Exasperación
Remordimiento
Agravio
Obnubilación
Aflicción
Decepción

*Emociones mixtas**

Nostalgia
Añoranza
Lujuria
Unidad
Atracción
Alarma
Asombro
Valentía
Alteración
Vulnerabilidad
Valoración
Tentación
Paciencia
Sorpresa
Ambivalencia
Ternura
Deseo
Timidez
Tranquilidad
Arrepentimiento
Paranoia
Turbación
Frenesí
Confusión
Serenidad
Sosiego
Rebeldía
Rechazo
Pertenencia
Compromiso
Dicha
Repudio
Reserva
Persecución
Obligación
Ostentación
Excitación
Dominación
Extrañeza
Inconformidad
Incredulidad
Resignación
Indiferencia
Intrepidez
Intriga
Invasión
Calma
Consuelo
Inquietud
Correspondencia
Curiosidad
Cercanía
Congoja
Duda
Desdén
Regocijo
Exaltación
Condescendencia
Ecuanimidad
Apatía
Inspiración
Seriedad
Trance
Obstinación
Arrojo

*Las emociones no son buenas ni malas simplemente son información de nuestras percepciones. **Las emociones positivas nos acercan al bienestar**, las emociones tóxicas promueven el malestar y las emociones mixtas tienen el potencial de ser positivas o tóxicas, dependiendo de la intensidad y el contexto.

¡ANTES DE CONTINUAR HAZ UN CHEQUEO!

Mito #2: Para los hombres todo es muy fácil

Mentira, para ellos también es complicado. Imagina un escenario en el que hay cinco mujeres y un hombre se acerca porque una le parece atractiva. ¿Te imaginas el valor que se necesita para hacer algo así? Yo considero que puede resultar difícil exponerse a la crítica de cinco mujeres.

Entiendo que no es lo mismo que una mujer salga en minifalda a que un hombre salga en pantalones cortos. Distingo también que ellos no son tan vulnerables en determinadas circunstancias consideradas de alto riesgo para las mujeres. Pero eso no significa que el mundo masculino sea muy fácil. Ellos se enfrentan a sus propios retos y también les toca romper con estereotipos duros para mantener intacta su masculinidad.

Menciona al menos tres emociones que has sentido hoy:

¿Cuáles emociones de la lista te gustaría experimentar de manera habitual?

¿En qué parte de tu cuerpo sentiste esas emociones?

FRASES PARA RECORDAR:

- Las emociones no vienen a mí, yo voy hacia ellas.
- Nos volvemos buenos en las emociones en las que más tiempo pasamos.

Consideremos la carga social tan fuerte que se les impone a los hombres desde que son pequeños. Ellos tienen sus propios desafíos. Desde su naturaleza y desde su forma, tienen sus propios fantasmas, sus sombras y en la mayoría de los casos, cuerpos emocionales bastante heridos. La configuración y los programas que instalamos en los hombres a nivel cultural son muy rígidos, lo que muchas veces provoca sensación de vacío y miedo en ellos.

La nueva configuración social de hombres que se quedan a cuidar a los hijos mientras la mamá sale a trabajar, rompe por completo todos los esquemas que como humanidad desarrollamos desde las cavernas. Ellos debían traer alimento, ellas debían cuidar a las crías. Hoy esa interacción ha cambiado, pero todavía el mundo no está totalmente listo para ver hombres que son libres afectivamente y que se sienten cómodos en ese nuevo rol.

Por otro lado, la presión sociocultural de "eres lo que tienes" es muy violenta entre hombres. Por alguna razón (también bastante primitiva) los hombres miden su nivel de testosterona de acuerdo a la cantidad de dinero que tienen en sus cuentas. Los hombres de masculinidad frágil y de egos gigantescos sufren todos los días porque ninguna cantidad de billetes los hace sentir suficiente.

Los episodios que se viven dentro de las mentes masculinas se parecen bastante a una película de guerra en la que los niveles de agresión y violencia luchan en contra de la posibilidad de liberar las emociones y rendirse ante su propia vulnerabilidad.

Mito #3: No necesitan ser aceptados

Error, los hombres suelen parecer relajados con respecto a lo que dicen los demás, pero en realidad eso no significa que no necesiten aceptación. De hecho, una característica casi generalizada de los conflictos fuertes en la pareja ocurre cuando el hombre deja de sentirse aceptado, valorado, cuando deja de sentirse significativo.

Reconozcamos que el mundo de los hombres también es muy competitivo. Se enfrentan con otros hombres y en la actualidad contienden también con mujeres alfa. Para ellos, es agradable saber que son admirados, respetados y valorados.

En palabras de Walter Riso: "Mientras que las mujeres suelen competir entre ellas por lo que son, la mayoría de los hombres rivalizan más por lo que tienen".[7]

7 Walter Riso, *Lo que toda mujer debe saber acerca de los hombres.*

Desde pequeños a los hombres se les enseña a medirse con otros hombres. ¿Quién es más fuerte? ¿Quién es más rápido? ¿Quién aguanta ver la película de terror sin cerrar los ojos? y el tormento no termina cuando crecen: ¿Quién tiene más dinero? ¿Quién es mejor amante? ¿Quién aguanta a ver la película de *Coco* sin llorar?

Todo el tiempo, toda la vida estos hombres se la pasan compitiendo para ser los mejores de la manada, los más aptos, los más valientes y todo se vuelve incierto cuando tú le gritas porque ni siquiera puede cambiar bien un pañal. ¡Vámonos con calma!

No es necesario comportarse como fanáticas empedernidas de los hombres porque eso puede incomodar a cualquiera. Pero hacerlo con delicadeza e ingenio puede desplegar resultados positivos. Hay que comprender que todos absolutamente todos necesitamos ser reconocidos y aceptados. Para fines prácticos, si estás en pareja con un hombre, ese hombre es de tu equipo, no es tu contrincante, no es tu enemigo y siempre es bien recibido que los de tu equipo te echen porras.

Mito #4: No les gusta hablar

Incorrecto, a los hombres sí les gusta hablar, pero es importante recalcar que ellos generalmente hablan desde una perspectiva lógica, mientras que las mujeres conversan desde una perspectiva emocional. Además, está comprobado que ellos no se detienen tanto a observar los pequeños detalles o no dan tanta importancia a ciertas cosas.

Hay otro aspecto importante, muchas veces las mujeres esperan que los hombres hablen cuando ellas no dan el espacio para que esto ocurra. Es imposible comunicar si la otra persona no deja de hablar. A veces para que él hable, hay que aprender a escuchar, a veces tienes que guardar silencio. No esperes que haga un despliegue de sus emociones porque es probable que no tenga demasiado lenguaje afectivo. Tampoco esperes que te dé los detalles de su día porque seguramente los habrá olvidado. Invítalo al diálogo, no exijas que se ponga a platicar contigo como si fuera tu amiga porque no va a ocurrir. Mientras más presiones, menos lo conseguirás. El hecho de que no quiera hablar de todo durante todo el tiempo, no significa nada negativo. Es sólo que ellos se comunican de forma diferente. Si quieres que él hable, entonces en ocasiones necesitarás permanecer callada.

Es de gran utilidad para las mujeres comprender que, así como ellas pueden hablar desde el desarrollo del pensamiento mágico, los hombres cuentan con su propio modelo de pensamiento que es el pensamiento práctico.

CASO 374: "NI ESTAMOS TAN MAL"

Sonia y Gustavo iniciaron una relación hace seis años. En realidad, ambos son muy jóvenes y están en un buen momento en su vida profesional. No viven juntos todavía. Los conocí porque Sonia necesita tener un poco más de certeza acerca del futuro de su relación.

En la primera sesión con ellos le pregunté a Sonia: "¿Qué los trae por aquí?". A lo que ella respondió con lujo de detalle las discusiones de las últimas semanas, los conflictos de los últimos meses y los retos del último año. Compartió conmigo lo difícil que era para ella estar en una relación en donde no había un proyecto para el futuro. Ella habló y al relatarme algunos eventos, incluso lloró.

Después de más de veinte minutos me dijo que creía que eso era un breve resumen de las razones por las cuales querían tomar coaching. "Muy bien", dije, y le pregunté a Gustavo: "¿Y a ti qué te trae por aquí?". A lo que él respondió: "Pues yo no creo que estemos tan mal. La verdad no sé bien por qué está así, yo en serio la quiero".

El pensamiento práctico es aquel que opera con información, datos y hechos, y su objetivo es resolver. Organiza los pensamientos de manera secuencial e ininterrumpida, indagando por patrones que le otorguen una respuesta. Es decir, el subconsciente de los hombres busca la forma más rápida, práctica y sencilla de resolver las situaciones que se van presentando.

En otras palabras, ellos muchas veces ni siquiera van a recordar la primera pelea o la serie de ocasiones en las cuales una mujer ha tenido una incomodidad. Para ellos es un golpe bajo cada vez que las mujeres traen al presente conflictos y peleas anteriores.

Es altamente probable que no recuerden con detalle todas las cosas que les has contado. Existen altas posibilidades de fracaso cuando las mujeres esperan que ellos interpreten sus emociones y descifren el conflicto. Dado que su pensamiento es práctico, actuarán con la información proporcionada sin incluir otras ideas o parámetros.

El pensamiento práctico es muy útil para la humanidad. Es importante aprender a descifrar esta forma de acercamiento y de modelo para comprender el mundo. Así que el equilibrio entre pensamiento mágico y pensamiento práctico abre un potencial enorme para todas las personas. De hecho, una de las mayores habilidades que podemos desarrollar es tratar de equilibrar ambos tipos de pensamiento.

No esperes encontrarte a Benedetti cuando le preguntas si te ama, a lo mejor no sabe expresarlo con palabras, pero revisa sus acciones. Es importantísimo aprender a reconocer otros lenguajes de amor en el que las acciones también hablan.

NO ENTIENDO A LAS MUJERES

He escuchado a muchos hombres decir que no entienden a las mujeres. No entienden por qué quieren hablar de todo. No comprenden por qué se siguen enojando por cosas que ocurrieron hace tanto tiempo. No entienden por qué son tan complejas para tomar una decisión.

Hay tres habilidades que los hombres necesitan desarrollar para comprender mejor a las mujeres: la primera es estar en presencia masculina, la segunda es aprender a recibir energía femenina y la tercera es comprender la intención del reto.

1. Presencia: resulta fundamental comprender que la energía y la presencia masculina no tiene que ver con destellos de machismo cavernícola sino con la combinación de confianza, calma, carisma, encanto y entrega. Esto no tiene nada que ver con el género sino con la forma de usar los recursos emocionales y la energía frente a una circunstancia. La presencia masculina es un estado de asertividad, control y pensamiento analítico. Es un estado en el que todos los sentidos están enfocados a algo con absoluta determinación para acompañar y si es necesario resolver.

2. Recibe energía femenina: no te incomodes si llora, pierde el hilo de la historia, recuerda su primera discusión y se le olvida de lo que estaban hablando. Así como tu cabeza de hombre es una batalla entre agresión y vulnerabilidad, la cabeza de las mujeres es un carnaval de colores y posibilidades. Escucha, acompaña, no te distraigas, aprende el arte de estar completamente presente para ella y recibe su energía.

3. Es un reto: las mujeres siempre ponen desafíos y los hombres necesitan aprender a superarlos. La forma de hacerlo es prepararse a estar completamente presente, sin distracciones, desarrollando las habilidades de receptor de mensajes. Escucha. Pregunta qué es lo que quiere o necesita. Si no te ha quedado claro, pregunta nuevamente. No importa cuántas veces tengas que preguntar, asegúrate de tener la información que requieres. Recuerda que las mujeres van a divagar y tu misión es encontrar los pedazos de información necesarios y suficientes para resolver cada reto. Es como armar un rompecabezas en el que necesitas ir recopilando las piezas.

En este punto quiero recordarte que el género, la energía y las preferencias son completamente independientes, ya que una mujer puede tener energía masculina y un hombre puede tener energía femenina.

No todas las mujeres con energía femenina son heterosexuales, ni todas las mujeres con energía masculina son homosexuales. No todos los hombres con energía masculina son heterosexuales, ni todos los hombres con energía femenina son homosexuales. Recuerda que todas las personas podemos acceder a las dos energías y que acceder a cualquiera de ellas no determina nuestra preferencia sexual.

Muchas veces no entenderás a las mujeres. Comprendo que cuando nos ponemos necias puede resultar un verdadero desafío, pero en el fondo la necesidad primaria es la búsqueda de amor y conexión. Así que cuando no la entiendas, ámala y pídele que te ayude a descifrar lo que realmente quiere. No te burles de sus necesidades, mejor trata de comprender qué es lo que siente y qué es lo que necesita de ti. Asume esos momentos como retos que sí tienen solución. Créeme, siempre hay una manera, aunque a primera vista a veces no lo parezca.

Recuerda que huir del problema o tratar de arreglarlo con agresión nunca traerá como resultado una relación saludable. No escapes y no agredas, resuelve, resuelve, resuelve.

En pocas palabras:

1. Los estereotipos son dañinos. Atrévete a pensar diferente y abre espacio a la posibilidad de la nueva masculinidad.
2. Ni los hombres alfa son súper héroes, ni los hombres beta son débiles. Ninguno es mejor que el otro, el verdadero poder está en el equilibrio.
3. Aprende a comunicar tus emociones. Sal del típico "bien o mal" y conecta con emociones más profundas. Trabaja tu vocabulario emocional y desarrolla maestría para experimentar distintas emociones e identificarlas.

4. Conéctate con tu presencia. No importa si eres hombre o mujer entrégate a estar en absoluta presencia y en tu energía masculina. Dedica todos tus sentidos a una sola cosa, pon todo tu enfoque en una sola actividad y descubre cómo te sientes y cómo te perciben los demás.
5. Ámate mucho y sé EXTRAordinario.

¡ANTES DE CONTINUAR HAZ UN CHEQUEO!

1. ¿Cómo me siento hoy?

2. ¿En cuál de los seis hábitos de amor propio necesito mejorar?

3. Palomea los hábitos de amor propio que cumpliste hoy:

Dormir bien	
Comer bien	
Tomar agua	
Hacer ejercicio	
Práctica de gratitud	
Meditación/ Respiración consciente	

4. ¿Hoy mi meta es?

5. Esta meta es importante para mí porque:

6. Una cosa que haré hoy para lograr mi meta es:

FECHA: / /

MAPA DE RUTA

1. EN DÓNDE ESTOY

2. EN UN AÑO VOY A ESTAR...

3. POR QUÉ ES IMPORTANTE

4. HABILIDADES QUE NECESITO

FECHA: / /

¿CÓMO ME SIENTO HOY?

ME SIENTO ASÍ PORQUE

HOY MI META ES...

ESTA META ME IMPORTA PORQUE...

1 COSA QUE HARÉ HOY PARA LOGRAR MI META ES

•

ESTOY AGRADECIDO POR...

FECHA: / /

¡Eres EXTRAordinario!

KARLA LARA

FECHA: / /

¡Eres EXTRAordinario!

KARLA LARA

Tercera parte

Amor, enamoramiento y pareja

Nos educan para querer ser diferentes de los demás y nos hacen creer que naturalmente estamos separados del resto cuando en realidad estamos unidos con todo.

EL AMOR Y LOS MODELOS DEL AMOR

El amor no es un concepto, tampoco es un objeto, en realidad es una actividad. Es un arte. Es una maestría. Es la suma de habilidades y acciones consistentes de amor a uno mismo y a los demás.

Filósofos, poetas, compositores, escritores, científicos y locos hemos tratado de definir el amor y de comprenderlo. La verdad es que cada modelo de amor es un cuento en sí mismo y a lo mejor nunca podremos entender por completo esa energía tan poderosa que nos conecta con otros.

Todo comienza con el primer amor. Pero no hablo del primer amor de pareja sino del primer amor que experimentamos, del amor que es incondicional. De ese amor que recibimos en algún punto de nuestra existencia solamente por el hecho de ser y estar. Lo recibimos solamente por existir. Me refiero al amor que proviene de nuestra madre*[8].

A partir de ese momento, **las personas desarrollamos un deseo y un anhelo profundo que nos lleva a esperar volver a sentir ese tipo de amor incondicional**. Ese amor que viene de afuera a satisfacernos, que nos ocurre solamente una vez, por el simple hecho de existir. Es un amor por el que no hay que luchar, sino que lo obtenemos de manera absoluta y gratuita, sin exámenes de admisión, sin juicios y sin que se espere algo a cambio.

Con nuestra madre fuimos uno y fue la naturaleza la que se encargó de separarnos de ella para que pudiéramos desarrollarnos. El resto de nuestra vida pasamos buscando con quién podemos fundirnos nuevamente para volver a tener ese tipo de amor incondicional. Primera creencia limitante que cargamos en nuestra vida adulta con

8 A la madre o al cuidador o cuidadora primario en nuestra primera infancia.

respecto al amor, porque **nunca encontraremos un modelo de amor que sea igual al que tuvimos con nuestra madre**.

A partir de ese momento vamos conociendo otros tipos de amor y vamos aprendiendo que **hay algunos amores por los que hay que esforzarse**. Descubrimos de manera sorpresiva que no todas las personas nos aman y que nosotros tampoco estamos obligados a amarlos a todos. Conocemos el amor a nuestra familia, que es diferente al que sentimos por nuestros amigos. Conocemos el amor a las mascotas, a las cosas y actividades que nos gustan y de pronto, el amor está en muchas áreas de nuestra vida y es sentido y experimentado de distintas formas.

Llega el momento en el que descubrimos el amor de pareja y cometemos "algunos" errores. De pronto, hay que adaptarse a otro que piensa de manera distinta, actúa de formas que no esperamos y que ama de manera diferente a todo lo que hemos conocido antes. Ahí, detectamos otros modelos de amor, tan únicos, mágicos, complejos y enredados como el propio.

Solamente estando en pareja podemos hacer consciencia de las distintas e ilimitadas formas de amar y de expresar amor. Comportamientos que para alguien son cotidianos, resultan una verdadera sorpresa para alguien más. Estar en pareja es como ir a una fiesta en la que cada quien tiene sus pasos, su ritmo y su canción.

Los primeros acercamientos al amor de pareja, nos enloquecen y nos atraviesan por la mitad, entonces comenzamos a desear que no termine nunca y pensamos, que hay que callarse, adaptarse y si es necesario, hasta dejar de ser uno mismo, para que ese amor sea para siempre y que por fin nos libere de la angustiante, terrible y culposa soledad. Creemos que esforzándonos lo suficiente en agradar al otro, entonces seremos merecedores de un amor incondicional. Creemos que por fin hemos encontrado a nuestra otra mitad y deseamos con toda nuestra fuerza que sea para siempre.

Detrás de este comportamiento están los miedos universales de los seres humanos (miedo a no ser amado y miedo a no ser suficiente). Esto y otras creencias se suman para darle mucho poder al mito de la separación, que no es más que el aprendizaje equivocado de que estamos separados de los demás y que estamos destinados a buscar a nuestra otra mitad.

Según la mitología griega los seres humanos fueron creados originalmente con cuatro brazos, cuatro piernas y una cabeza con dos caras. Cuando

Zeus se dio cuenta del poder de esos seres les lanzó un rayo que los dejó divididos condenándoles a pasar el resto de su vida en busca de su otra mitad. **Platón, en su obra *El banquete*, dice que no somos más que una mitad de ser humano que ha sido separado de su todo, tal como se divide una hoja en dos.**

Entender al mundo desde esa alusión mítica y romántica es riesgoso y frustrante porque dicho con precisión, **la única separación que podemos experimentar surge en el momento en el que dejamos de estar en contacto con nuestro *yo* interior**. En el momento en el que comenzamos el trabajo interior y volvemos a nosotros, entonces recordamos que estamos conectados con todo lo que es y con todo lo que existe y que la soledad y la separación son solamente aprendizajes tóxicos y autodestructivos.

Para algunas personas es tan natural dejarse en el camino mientras persiguen el amor. Se esfuerzan tanto, que se olvidan de sí mismos. Lo que todos necesitamos aprender es que el amor mientras más lo persigues más trata de escaparse, porque por su naturaleza el amor es libre.

La cultura y la educación son las responsables generadoras de esas ideas y de esa sensación de separación con los demás. La enseñanza es que no podemos ser del montón, que debemos diferenciarnos del resto. Nos educan para querer ser diferentes de los demás y nos hacen creer que naturalmente estamos separados del resto cuando en realidad estamos unidos con todo. Nos repiten una y otra vez que somos únicos y que nadie es igual que nosotros, cuando en realidad es que en algún punto todos somos iguales, porque compartimos características similares, necesidades básicas y principalmente, porque **todos estamos diseñados en la misma fábrica y a todos nos conecta la necesidad de amar y ser amados**.

Sin embargo, el miedo universal de no ser merecedores de amor y la creencia de que estamos solos es la principal raíz de los problemas de las relaciones de pareja. Porque lo que ocurre cuando dos cuerpos emocionales heridos se unen, es que con cualquier movimiento se hieren. Imagina eso, **dos cuerpos emocionales llenos de heridas que al menor contacto o roce, sienten dolor**, a veces no importa con cuanta delicadeza nos trate el otro, si no hemos identificado nuestras propias heridas hasta la caricia más tierna puede doler.

Por lo tanto, los adultos desarrollamos miedo a ser heridos, pasamos nuestra vida defendiéndonos del dolor y escapando de situaciones que podrían ser el punto de inicio para sanarnos por completo. Es precisamente en las relaciones de pareja, en donde podemos expandirnos porque **confrontar nuestro modelo con el modelo de alguien más, requiere de una serie de habilidades**. Es un juego divertido y enriquecedor que hay que saber y querer jugar.

Porque lo que ocurre cuando dos cuerpos emocionales heridos se unen es que con cualquier movimiento se hieren.

Existen miedos que prácticamente todos compartimos. **El miedo a no ser amado, miedo a no ser suficiente, miedo a no merecer amor y miedo al dolor**. Aprendemos a tenerle miedo al miedo mismo. Un círculo vicioso desagradable y doloroso, que terminará por hacerse realidad. **El miedo es una emoción de frecuencia negativa mientras que el amor es una emoción de frecuencia positiva**. El miedo anula el amor porque el miedo hace que amemos desde nuestra carencia y desde la necesidad, desde ese lugar herido que demanda amor para sanar. Y lo que es innegable es que cuando hay miedo, el amor se debilita.

La forma de combatir el miedo y comenzar a sanar el cuerpo emocional herido es descubriendo la propia fuente de amor interior. **El amor es una actividad individual que se comparte**. Surge de uno y se distribuye. Existe cuando lo generamos internamente y lo damos. La única forma de asegurar amor es tener la certeza y recordar que tú eres el único que puede generarlo. No necesitas a nadie para experimentar amor, sólo a ti mismo. **El amor surge de ti y es ilimitado**.

La invención de que alguien puede llegar a liberarnos de la soledad es una industria llena de cursilerías mentirosas. **Nadie tiene que venir a libertarte de nada**, porque no eres esclavo de nadie. **Eres libre, estás conectado con todo lo que es y con todo lo que existe, y además, tienes una fuente interna e infinita de amor**. No eres un ser incompleto que necesita encontrar a su otra mitad. Lo que realmente necesitas es recordar que **todo ya está en ti**, fuiste creado con todos los elementos necesarios para vivir una vida plena, de amor, felicidad y abundancia.

El amor es como un músculo que puede fortalecerse, y la forma de fortalecerlo es **dándolo. Da de tu amor a los demás**. Piensa que nadie puede llevarse lo que te pertenece y por sobre todas las cosas recuerda que tu amor es tuyo. Tú lo creaste dentro de ti. Te pertenece y puedes compartirlo con la certeza de que **mientras más amor des, más amor serás capaz de sentir**. Es una de las riquezas y maravillas del amor: conforme más lo das, más se multiplica.

El amor es una actividad individual que se comparte. Surge de uno y se distribuye.

Además, **dar amor es pura energía magnética**. Tú atraes personas que están en la misma frecuencia energética que tú. Si tú estás en una energía de dar amor, entonces atraerás a otras personas que estén dispuestas a darlo también. Pero si tú estás vibrando en la frecuencia de guardar tu amor y protegerlo para que no se te acabe o para que no se lo lleven, entonces atraerás a ese tipo de personas.

Cada vez existen más formas de medir que todo el tiempo estamos lanzando nuestra energía al universo y el universo te contesta exactamente en la misma frecuencia que tú mandas. Si lo que sale de ti es miedo y carencias atraerás circunstancias que produzcan más miedo y más sensación de vacío. Si lo que sale de ti es amor y abundancia atraerás eventos que multipliquen esa sensación de amor y abundancia. Todo surge desde adentro de ti. Recuerda que, para que algo se vuelva real en el mundo material, tiene que ser real en tu mundo interior.

¡El amor, cuando lo das, se multiplica!

Resulta fundamental que tú descubras tu propio modelo de amor. Te propongo que reflexiones en estas preguntas. Notarás que son cosas que das por sentado y que incluso pueden resultar obvias, lo que puedo decirte es que en los años que llevo como coach no hay dos personas que hayan contestado lo mismo.

Hay tantos modelos de amor en el mundo como personas. Cada individuo experimenta el mundo desde una perspectiva única. Aun **los hermanos** que han tenido experiencias muy similares, **aun cuando reciben información prácticamente de las mismas personas, desarrollan modelos de amor diferentes.**

Los modelos de amor se refieren a la forma en la que cada individuo experimenta, percibe y vive el amor. Son modelos porque los aprendemos de las personas que tuvieron mayor influencia durante nuestra infancia. Nuestra familia, manada o tribu nos presenta el funcionamiento de todo y

¿Tú cómo amas?

¿A ti cómo te gusta que te amen?

¿Qué necesita hacer alguien para que te sientas amado?

además, se nutre de la información de la cultura en la que vivimos y revuelve alrededor de la región geográfica en la que nos desarrollemos.

Un joven en India tendrá un modelo de amor diferente a un muchacho que nació y creció en Canadá. Cada uno experimentará un mundo distinto desde su percepción y desde las enseñanzas locales para diseñar sus propios modelos. La edad, la ubicación geográfica, las experiencias personales, el género y la religión son algunos de los factores que influyen para que cada uno tenga su propio modelo.

> **Hay tantos modelos de amor como personas en el mundo.**

El amor no es complicado, es fácil cuando aprendemos a generarlo. Cuando disfrutamos sintiéndolo y viviéndolo. Cuando reconocemos que es abundante e ilimitado. Estás diseñado para generarlo todo el tiempo, a todas horas y en cada momento. **Si tú lo eliges, puedes sentir el amor que te conecta con todo lo que existe.**

¿Puedes cerrar los ojos y sentir el amor que hay dentro de ti y que te conecta con todo lo que es y con todo lo que existe?

Ponlo a prueba y ve a www.karlalara.mx/losmodelosdelamor para escuchar un audio que te guiará en este ejercicio.

Lo que ocurre al principio entre dos personas no es amor. Todavía no puedo asegurar que existe el amor a primera vista, pero si puedo confirmar que **existe atracción y enamoramiento instantáneos**. El enamoramiento, esa es una fase intensa, interesante y de mucho aprendizaje, y me parece natural que muchas veces es catalogada como...

LA LOCURA DEL ENAMORAMIENTO

El enamoramiento es una experiencia asombrosa para los seres humanos. Es algo que ocurre y parece que no se puede detener. Es una acción poética en donde casi todo parece perfecto. Donde por instantes, las personas piensan que finalmente han encontrado a "esa" persona especial.

El enamoramiento es una necesidad básica, psicológica y social. Provoca cambios a nivel cerebral, neuronal, físico y emocional. Todo el cuerpo entra en un estado diferente durante las tres etapas del enamoramiento. Es casi una enfermedad adictiva. Es un estado de alteración de la realidad en donde cada individuo idealiza y se inventa una historia personal del otro. Es una etapa en la que no se razona, sino que se asume que todo estará bien.

Desde la perspectiva del enamorado no existen los imposibles. El amor lo puede todo. Los enamorados se vuelven invencibles, tercos, ciegos y obstinados, tanto que no alcanzan a ver más allá del deseo y gozan del cóctel más adictivo que podemos generar.

La primera etapa del enamoramiento es el deseo

Ésta es la fase más carnal en la que los enamorados parecen estar bajo el efecto de un encanto o de un hechizo. **Es completamente sexual, hormonal y primitiva.**

Precisamente por ser una fase tan primitiva y por fines reproductivos, en esta etapa los enamorados pueden ver las virtudes y quedan ciegos ante los defectos. Se crean la imagen de la perfección del otro. En esta fase surgen ideas del tipo: "es todo lo que había esperado" o "es lo que siempre soñé". Es una etapa en la que se idealiza al otro, es un trance, que se confunde con la más romántica historia de amor.

Éste es el momento en el que las parejas quieren estar cerca todo el tiempo y hablar durante horas.

Es una fase en la que ambos se sienten verdaderamente comprendidos y correspondidos. Es el momento en el que las personas piensan que han encontrado a quien tanto habían buscado. Por fin han encontrado a su otra mitad.

La segunda etapa se divide en dos: atracción y apego

La etapa de atracción es el momento en el que los enamorados no pueden pensar en otra cosa que no sea su pareja. Es un tipo de obsesión desbordada en la que es muy importante estar en contacto, principalmente físico, con la otra persona.

Esto se debe principalmente a tres neurotransmisores: dopamina, serotonina y adrenalina.

La dopamina se incrementa y estimula áreas del cerebro encargadas del deseo y de la recompensa. **Este químico generado de manera natural tiene exactamente el mismo efecto en el cerebro que una droga como la cocaína**. Es decir, incrementa la energía; el cuerpo requiere menos comida, menos tiempo para descansar, incrementa los niveles de atención y, además, encuentra placer en los más mínimos detalles.

La serotonina se reduce. Este neurotransmisor regula la ira, la agresión y también regula el sueño y el apetito. **Un cerebro con bajos niveles de serotonina favorece los comportamientos obsesivos compulsivos** y es por ello que en esta etapa, la conducta se ve tan afectada.

La adrenalina sube a un nivel altísimo. Es uno de los neurotransmisores más adictivos para el cerebro. Esta hormona es conocida como de acción, porque aumenta la tensión arterial, acelera el ritmo cardíaco, dilata las pupilas para poder tener una mejor visión, mejora la respiración y estimula al cerebro para producir más dopamina.

Con este cóctel de neurotransmisores, las personas quedan cautivas. Es como si fueran esclavos y presas de esas emociones, es como si cayeran rendidas ante un hechizo de amor. Ésta es la mezcla mágica, el cóctel más adictivo y es por ello que absolutamente nada de lo que hagan o digan los demás, puede hacer cambiar a los enamorados de parecer. **Faltos de cualquier lógica, caen en las redes de la atracción, del deseo y de la adicción a las sensaciones que produce ese cóctel de químicos en su cabeza**. Ciertamente es una etapa muy divertida y emocionante. Ésta es la razón por la que todas las personas irremediablemente volvemos a enamorarnos y también ésta es la etapa que echamos de menos cuando las relaciones se vuelven un poco más estables. Cuando ya nos acostumbramos a estas dosis de cóctel, entonces nos preguntamos por qué ya no es como al principio. Ésta es la etapa a la que la mayoría de las personas son adictas.

La parte dos de la segunda etapa es la del apego

Ésta es en donde los enamorados se vuelven obsesivos e intrusivos. La razón por la que esto ocurre es porque consideran que el ser amado es la fuente de placer. Dado que se generan tantos neurotransmisores, el cerebro asocia la presencia de la otra persona con altos niveles de placer y, por lo tanto, la simple idea de que el otro les rechace o se vaya, causa gran dolor, tristeza y ansiedad.

En esta etapa se busca reciprocidad. Aquí los enamorados necesitan sentir que son correspondidos. En ocasiones, en esta fase se dan ataques de ansiedad o de neurosis dado que no se recibe lo que se espera o lo que se desea. En realidad, ésta es una etapa complicada para la psique.

Sin embargo, las parejas que superan esta fase tienen altas posibilidades de permanecer cuerdas sin daños cerebrales profundos ni patologías mortales. En esta etapa las personas van conociendo un poco más y mejor al otro. Acá, ya se dejan entrever algunas de las heridas y sombras, inician las discusiones y las diferencias **y se comienzan a definir los primeros acuerdos del nuevo modelo de amor.**

La tercera etapa es el acercamiento

En esta fase se establecen los vínculos para que las parejas permanezcan unidas por mucho tiempo. En esta etapa también hay algunos neurotransmisores responsables. El primero es la oxitocina, el segundo es la vasopresina y el tercero son las endorfinas.

La oxitocina es una hormona que se libera en grandísimas cantidades durante el orgasmo. Es probable que sea la responsable de hacer sentir a las parejas más unidas. Se le conoce como la molécula del amor. Combate la ansiedad, el estrés e incluso algunas fobias. Cuando se recibe un abrazo, una caricia o un beso hay liberación de esta hormona.

La vasopresina es la hormona responsable de hacer sentir a las personas seguridad, bienestar, intimidad y comodidad. Se le conoce como el químico de la monogamia.

Las endorfinas también se presentan en esta etapa. Generan una respuesta similar a la morfina. Son capaces de modular el dolor, provocan sensaciones intensas, disminuyen la ansiedad e incrementan la sensación de bienestar.

Considerando lo anterior y teniendo claro que todos esos neurotransmisores afectan directamente a tu cerebro, es sencillo valorar que **el enamoramiento** es una locura. Más allá de eso, lo cierto es que **es una demencia transitoria**.

¿Adictos al enamoramiento?

Cuando nos enamoramos, las emociones y los sentimientos aumentan y como ya vimos no son del todo precisos. En este estado de enamoramiento, vivimos de alguna manera engañados porque estamos inmersos en una euforia que nos aleja de la realidad.

El peligro comienza cuando una persona se vuelve adicta al hecho de "estar enamorada". La adicción es la sensación de euforia, entonces, cuando el adicto deja de sentir mariposas y euforia, termina la relación y pasa a la siguiente. Puede sonar excesivo, pero la adicción al enamoramiento puede ser tan destructiva emocionalmente como la adicción a una droga.

Los adictos al enamoramiento se enamoran de cómo se sienten cuando están enamorados.

Muchas personas, y en serio son muchas más de las que imaginamos, son fanáticas a estar enamoradas y terminan sus relaciones cuando desaparece la magia del principio, cuando comienzan a bajar las dosis de neurotransmisores y empiezan a percibir los defectos y la realidad. **Las personas adictas al enamoramiento tienen problemas para comprometerse**, lo único que persiguen es replicar las emociones que produce una persona nueva. Es el síndrome de "vivir felices por siempre" si algo sale de esa ilusión entonces buscan a alguien con quien sí les pase.

Buscar mantenerse en este estado de enamoramiento es de alguna manera egoísta, porque estas personas están enfocadas únicamente en sus emociones y no toman en cuenta las emociones del otro. Cuando baja la dosis... se van.

CASO 919: LUNA DE MIEL ETERNA

Pamela es una mujer de 37 años. En la primera sesión de coaching fue fácil identificar el patrón, esta mujer pasaba de una relación a otra con la ilusión de que su siguiente experiencia fuera una luna de miel eterna. No importaba si era un hombre o una mujer, Pamela era adicta a sentir las cosquillas del enamoramiento. Después de trabajar un tiempo en su amor propio, descubrimos que su comportamiento venía de una serie de heridas en su infancia. **La sensación de abandono y rechazo la hacían buscar de manera fallida una relación que fuera "perfecta"** porque según ella, eso le garantizaría que la otra persona no se iría nunca. Trabajamos en sanar esas heridas y en cambiar esas creencias. El primer paso fue lograr que se mantuviera libre de parejas por un tiempo y tras seis meses de sobriedad del enamoramiento conoció a Eliza, pasó la luna de miel y Pamela descubrió que existe algo más allá del enamoramiento.

Aunque el enamoramiento es delicioso, es muy importante no caer en la trampa de querer quedarse en esa fase. **Vivir eternamente eufóricos puede alejar a las personas de la posibilidad de vivir una forma más profunda de amor**.

La fortuna (o no) es que con el tiempo los niveles de todos estos neurotransmisores se estabilizan o bien, disminuyen y esa es la razón principal por la que pensamos...

¿Por qué no puede ser como al principio?

No puede ser como al principio porque sencillamente ya no es el inicio, el tiempo pasa, las emociones varían, las personas cambian y los neurotransmisores se ajustan. Científicamente, tu cerebro se ha encendido y la parte del juicio recobra autoridad. Pero más allá de la ciencia, no puede ser como al principio porque la única constante es el cambio. Todos vamos cambiando al paso del tiempo y los individuos que deciden hacer pareja no podrían ser excepción.

Toma en cuenta que al inicio de una relación, las personas están en un ejercicio similar a la compra-venta. Yo sé que puede parecer frío y calculador, pero esa es la verdad, al inicio las personas buscan complacer. No les importa dejar de lado sus propios intereses con tal de satisfacer las necesidades de la persona amada. Por fin han encontrado a la mitad que les faltaba, ahora hay que hacer lo que se tenga que hacer con tal de que se quede. En ese punto no importa dejar de hacer, dejar de salir, dejar de ser, con tal de que el otro nos valide.

Lo que ocurre es que cuando pasa el tiempo eso deja de ser así. Cuando parece que finalmente las personas conocen a ese ser especial con el cual van a fundirse para siempre, al cual podrán entregar todo su amor y que les amará por toda la eternidad, entonces todo es mágico y nuevo, pero tras unos meses (en algunos casos, años) vemos delante de nuestros ojos cómo el otro deja de ser quien pensábamos que era y se convierte en alguien que ya no reconocemos. ¿Te suena familiar?

Al principio, todos muestran su mejor versión y es que, claro, sería difícil enamorarse si eso no fuera así. **Es precisamente por eso que bien vale la pena tomarse un tiempo antes de planear la boda, los hijos, la casa y la vida.** En ese momento de locura absoluta, las parejas viven en una fantasía en la que existen al menos seis personalidades entre los amantes:

1. La imagen que yo tengo de mí
La percepción que yo tengo acerca de quién soy y cómo soy. Las ideas y creencias que tengo de mí.
2. La imagen que tú tienes de ti
La percepción que tú tienes acerca de quién eres y cómo eres. Las ideas y creencias que tienes de ti.
3. Mi imagen al exterior
Lo que otros ven de mí, lo que proyecto pero que no siempre soy capaz de percibir.
4. Tu imagen al exterior
Lo que otros ven de ti, lo que proyectas, pero que no siempre eres capaz de percibir.
5. La imagen que yo tengo de ti
La percepción que yo tengo de quien eres tú, los significados que he puesto a tus respuestas, reacciones

y actitudes. La historia que me cuento acerca de quién eres.

6. La imagen que tú tienes de mí

La percepción que tú tienes de quién soy yo, los significados que has puesto a mis respuestas, reacciones y actitudes. La historia que te cuentas acerca de quien soy.

Lo que no nos damos cuenta es que todo esto tiene que ver con la percepción y que **ésta se verá afectada por las expectativas, necesidades y modelos de amor que tengamos al momento de conocer a alguien**.

Cuando pasa el tiempo, las personas van descubriendo las distintas facetas del ser amado. La parte real y auténtica. No solamente las virtudes, sino la complejidad de sus emociones y de toda su humanidad. **Al paso del tiempo, ya no solamente vemos la luz, sino que comenzamos a descubrir las sombras propias y del otro**. Porque no hay un fenómeno que nos haga más conscientes de nuestra propia sombra que la luz del amor.

Estar en pareja es dejar pasar a otro a un lugar que antes era solamente propio y la sorpresa es que cuando el otro entra, ve detalles que nosotros habíamos perdido de vista.

Por eso no puede ser como al inicio. Realmente si fuera como al principio, nunca podríamos acercarnos a conocer en realidad a la pareja.

El truco no está en hacer que todo sea como al comienzo. De lo que verdaderamente se trata, es de ir disfrutando cada etapa y aprovechar en cada una de ellas todas las experiencias. Nunca sabes cuándo será el día en el que te trasladas de una fase a otra y precisamente por ello hay que disfrutarlas. No necesitamos aferrarnos a ninguna porque cada etapa tiene su propia magia. Lo que sí es importante es comprender que en cada una de esas etapas se va preparando el terreno para poder construir una relación que sea sólida y funcional.

Muchas de las historias de pareja comienzan bien, dos se conocen, se atraen, se acercan y comienzan a escribir una historia. Lo que ocurre es que **no siempre escriben en un cuaderno en blanco, sino que tratan de que esa nueva historia se adapte a creencias viejas, a programas personales y a fórmulas** que por décadas han demostrado ser inservibles.

Recuerda que lo que es normal para ti no necesariamente lo es para alguien más. Tu mapa del mundo, es decir, la forma en la que eres y respondes fue determinado, en gran medida, cuando tenías entre 0 y 7 años de vida.

En el diseño de tu mapa del mundo influyeron tus cuidadores, sus creencias, sus valores, el ambiente que había en tu casa, la cultura en la que naciste, las condiciones en las que te fuiste desarrollando, en pocas palabras TODO lo que te rodeaba influyó para que tú seas como eres y eso es personalísimo.

Nadie tiene tu mapa del mundo y por lo tanto nadie tiene tu modelo de amor. Es igual que tu huella dactilar, la forma, el tamaño y el número de detalles en los patrones hacen que tu huella sea única. Ni siquiera los gemelos idénticos tienen las mismas huellas, ni siquiera los gemelos tienen el mismo modelo de amor.

Por eso es tan importante tener en cuenta que tu forma de amar es única y que no es posible seguir cayendo en las mismas trampas que promueven los mitos de las relaciones de pareja.

MITOS DE LAS RELACIONES DE PAREJA

1. Si se aman, la relación debe fluir y no necesitarías esforzarte

Ésta es una idea imprecisa, falsa y autodestructiva. Además de ser una de las creencias más limitantes a las que se enfrentan las parejas y de ser la fuente de mayor dolor y frustración entre los amantes.

Las relaciones de pareja no fluyen, se construyen. Imagina que la relación es como un ser vivo independiente. Me gusta jugar con la metáfora de que la relación es como un jardín. ¡Los jardines no crecen solos! No importa lo lindos que se vean al inicio. Requieren de mucho cuidado y compromiso para seguir floreciendo. Piensa que cada miembro de la pareja está viendo el jardín desde su propia ventana.

No es suficiente con ver el jardín y desear que florezca. Lo que hay que hacer es trabajar en él, esforzarse, **meter las manos** y no quedarse desde la ventana sufriendo porque se marchita y se desgasta.

Muchos individuos buscan arreglar la relación de pareja desde su ventana. Lo riegan, pero lo inundan, plantan algunas semillas, pero no florecen. No dudo que tengan la mejor intención, pero dicen que el camino al infierno está lleno de buenas intenciones. **No son suficientes las buenas intenciones, lo que es necesario es desarrollar habilidades y mejorar las estrategias**. Al cabo de un tiempo algunas plantas se marchitan, lo que se requiere es arrancarlas desde la raíz. Definir qué es lo que van a plantar en ese sitio y dedicarle tiempo para que florezca.

En otras palabras, las relaciones se desgastan con el tiempo. Muchos de los acuerdos que existían al inicio de la relación dejan de ser funcionales o se desgastan y lo que hay que hacer es generar nuevos acuerdos. Para eso, **es fundamental aprender a comunicarnos de manera efectiva y el primer paso para comunicar es saber escucharnos a nosotros mismos.**

Muchas personas se sorprenden cuando les digo que necesitan generar acuerdos con su pareja. Recalcan la creencia limitante de que eso debería fluir. Mi respuesta es que las relaciones no son agua que solamente fluye, **las relaciones de pareja son sistemas vivos, dinámicos y cambiantes**. La pareja surge como un tercer elemento y se necesita mucho trabajo personal para que ese espacio de convivencia sea agradable y sea un recinto que aporte paz, tranquilidad y amor a los individuos.

Los individuos que forman una pareja necesitan ampliar su vocabulario emocional. No basta con decir "quiero un jardín bonito", porque bonito puede ser interpretado de muchas maneras. Se necesita claridad. Encontrar un espacio para comunicarle a la otra persona específicamente lo que deseas, anhelas y los proyectos, ideas y deseos que tienes para ese jardín.

Así que olvídate de la idea de que va a fluir y ponte a trabajar en construir. **Si estás pasando por un mal momento en tu relación no te esperes a que el jardín se marchite, invita a tu pareja y pongan manos a la obra para resolver**, limpiar, cuidar, sembrar y regar, tengan paciencia, pongan mucha voluntad, respeto y amor y verán que poco a poco el jardín comienza a dar destellos de que es capaz de volver a florecer.

2. No debería sentir que hay momentos en los que amo menos a mi pareja

Este pensamiento es una trampa que provoca sentimientos de culpa. **El amor es como la energía.** La ley de conservación de la energía nos explica que la energía no se crea ni se destruye, sólo se transforma. **El amor no se crea ni se destruye, sólo se modifica**, va cambiando. Recuerda que la fuente de amor eres tú. De ti emana ese amor, nadie puede llevarse algo que es tuyo. Nadie puede hacer crecer algo que es tuyo, solo tú. Nadie puede destruir algo de lo que tú eres dueño, solamente tú.

Es natural que en ocasiones sintamos que no amamos tanto a la otra persona o que a veces, sintamos que la amamos más, si es que acaso el amor puede medirse. A veces, la otra persona hará cosas que no te gusten o te molesten y es natural que en ese momento la sensación es que quizás no lo ames tanto, incluso puede caerte un poco mal o muy mal, pero habrá momentos en los que con algo agradable, eso cambie.

Las relaciones de pareja se redefinen constantemente y el amor que sentimos por el otro también, ese es uno de los misterios del amor, que nunca se siente igual, no siempre responde de la misma manera. A veces, aunque piensas que conoces al otro y todo parece estable, ocurre algo que cambia el esquema y que nos lleva a reconocernos y a redefinir la relación, es un proceso que no termina, recuerda es un ser vivo que cambia y crece. **El amor que nos mantiene en pareja no es, entonces, una emoción pasajera, sino la suma de muchas acciones, confrontaciones, negociaciones y decisiones.**

¿Alguna vez has visto un electrocardiograma? Se trata de una representación gráfica de la actividad eléctrica del corazón. Lo que se detecta son las variaciones de voltaje. Hay dos escenarios posibles cuando ves esa máquina (el electrocardiógrafo): por un lado, puede que salga una línea horizontal continua, lo cual significa muerte. Por otro, existe la posibilidad de encontrarse con una línea que tiene subidas y bajadas, que significan vida.

Exactamente así son las relaciones. Subidas y bajadas. Si no hay cambios y todo parece estático, por favor haz algo porque están muriendo. **Si por el contrario, hay subidas y bajadas, momentos de estabilidad y de nuevo subidas y bajadas, entonces alégrate de que están vivos y se encuentran aprendiendo a amarse.** Están ajustando sus modelos de amor para que sean compatibles. Ese trayecto es apasionante y está lleno de crecimiento cuando aprendemos a disfrutarlo.

Atención al usar la metáfora de subidas y bajadas. No se trata de justificar comportamientos tóxicos del otro porque consideramos que es solamente una bajada o "un bache" **si en tu relación son más bajadas que subidas y en las bajadas sientes constantemente que el otro está pasando por encima de tu amor propio y tu dignidad, entonces pon pausa y reconsidera si esa es la relación de pareja que realmente quieres para ti.** Cuando alguien te diga que no le importa lo que sientes, créele a la primera y **por ninguna circunstancia te quedes a regar un jardín que ya está muerto.**

3. No deberías querer hacer cosas sin tu pareja

Esta creencia es violenta porque atenta contra la individualidad. Antes de coincidir con tu pareja hacías cosas que te gustaban mucho y, por su lado, tu pareja también. Esa frase de "yo nací el día que te conocí" es una mentira terrorífica porque cada uno de los individuos de la pareja vivían perfectamente bien sin la presencia del otro. Por lo tanto, es natural que no todo lo que te agrada a ti, le agrade al otro, ni todos tus hobbies, ni todos tus amigos tienen que caerle bien.

> **Una de las grandes luchas históricas de los grupos humanos ha sido por conseguir la libertad. Es una ofensa a todas esas luchas perderla, sólo para poder estar en pareja.**

Es natural que cada uno de los miembros de la pareja tenga gustos e intereses personales. Es saludable que a veces quieras hacer cosas sin tu pareja, pero para que eso ocurra, es importante que se generen acuerdos al respecto. Es primordial definir límites en los que ambos estén conformes.

CASO 142: NO DEBES BAILAR CONMIGO SI NO QUIERES

Norma y Víctor son pareja desde hace cuatro años. Los conocí porque Víctor sentía que ella hacía su vida sin tomarlo en cuenta. El caso específico es que a Norma le encantan las muestras de baile contemporáneo, mientras que Víctor las detesta. Al cabo de un tiempo y de una serie de conflictos Norma dejó de ir a dichas muestras.

Claramente, esa decisión tampoco mejoró las cosas porque a partir de ese momento, Norma recalcaba todas las cosas que ella había dejado de hacer por él. El acuerdo generado no les era útil. La sensación era de sacrificio y de injusticia.

Les propuse diseñar un acuerdo nuevo en el que ambos obtuvieran un beneficio. La estrategia fue que Norma iría a estas muestras una vez al mes y, que al salir, se reuniría con Víctor para estar juntos en algún lugar que eligieran juntos.

Dejar de ser uno mismo para satisfacer al otro en todo es una estrategia que se agota con el tiempo. Porque en esas ganas de complacer, las personas se van olvidando de sí mismas. Están tan enfocadas en agradar al otro que se olvidan de sus propias necesidades y al cabo de un tiempo, eso irremediablemente genera fricciones y desacuerdos. Esa es la estrategia que hace que los individuos se comiencen a apagar. Vivir por y para el otro, dejar de ser y olvidarse de uno mismo es un camino sin retorno a la separación, porque antes de separarse del otro, se separan de sí mismos. Ese comportamiento es la antesala de un juicio tan falso como el de "Todo lo hago por ti", argumento que siempre resulta falso. Todo lo que haces por complacer al otro es porque en algún punto, te satisface. **El riesgo de esto es la pérdida de individualidad, de la autonomía y de la energía vital que en un inicio fue la chispa magnética que atrajo al otro hacia ti.**

> **Vivir por y para el otro, dejar de ser y olvidarse de uno mismo es un camino sin retorno a la separación, porque antes de separarse del otro, se separan de sí mismos.**

He escuchado a muchas personas decir: "Ya no es la persona de la que yo me enamoré", y lo que yo les respondo es: "¿Y tú la dejas ser quien realmente es o te has encargado de exigirle que cambie para amarle?".

A veces, las personas expresan que conocen a su pareja mejor que a sí mismos sin darse cuenta de que eso es una fantasía. El riesgo está en conocer al otro y reconocernos a partir del otro, y vivir a partir del otro y vivir para el otro. En ese momento, las personas se olvidan de sí, para verse en el otro y encontrarse en el otro. Lo cual explica la angustia, la neurosis y la psicosis al pensar que el otro puede irse en cualquier momento, ¿cómo podríamos entender nuestra vida si la fuente del amor se va?, ¿qué hacemos en nuestra vida si el otro por quien nos definimos deja de estar?

Aquí me parece de vital importancia recordar que no importa el estado civil. Vivimos conectados con todo lo que es y con todo lo que existe. **Recuerda que la separación es un mito, recuerda que no tienes que dejar de ser tú para merecer amor, de hecho, todo el tiempo mereces amor, seas como seas.**

Entonces, si alguno de los miembros de la pareja quiere hacer algo sin el otro, solamente es necesario diseñar un acuerdo en el que ambos queden satisfechos y tranquilos. Prohibirle al otro que sea quien es resultará en el largo plazo como una estrategia autodestructiva.

Lo conociste libre, no lo ates a ti. Dale la posibilidad de elegir estar contigo. ¿Qué es mejor para ti? ¿Alguien que está contigo por elección o alguien que está contigo porque no le dejas otra alternativa?

Lo conociste libre, no lo ates a ti.

4. Discutir es malo

Este pensamiento es absurdo, los seres humanos somos complejos. En una relación de pareja se mezclan las complejidades de dos individuos.

¿Cómo podemos pensar que el resultado de unirlas será algo que resulte sencillo?

En qué momento se nos ocurre que
la ecuación puede ser así:

Complejidad 1 + Complejidad 2 = SIMPLICIDAD
Visto de esta manera resulta ilógico, ¿no es así?

Desde este punto de vista, es improbable considerar que la otra persona hará las cosas exactamente como tú las esperas, las quieres o las necesitas. **Es inverosímil creer que por obra de la naturaleza, estaremos siempre de acuerdo con el otro**. Cada uno de los miembros de la pareja trae consigo una serie de creencias, valores y experiencias que les hacen ver el mundo desde una perspectiva única. Cada uno necesita ponerse de acuerdo con su propio inconsciente.

El inconsciente humano es uno de los lugares en donde se genera la toma de decisiones. Es ahí en donde se guardan las creencias más profundas de cada individuo. Lo que esto quiere decir es que aquello en lo que tú crees es de lo que tendrás evidencia. Tu inconsciente siempre te demostrará que tienes razón. Cuando una persona, por ejemplo, cree que no merece amor, entonces no habrá amor suficiente que provenga de afuera para que esa persona lo crea. Lo que ocurrirá es que boicoteará sus relaciones una y otra vez para demostrarse a sí misma que no es merecedora de amor, hará cosas que la separen de la experiencia del amor y no importa qué, siempre encontrará evidencia de que no es suficiente para vivir una relación de pareja.

Quiero decirte que es imposible luchar contra el inconsciente de alguien más. Es una batalla perdida. Es una guerra en la que no tienes posibilidades de ganar. **Si una persona cree que no merece amor, entonces nada de lo que hagas podrá ser suficiente**. Es una guerra que no te corresponde pelear porque saldrás con muchas heridas. Si una persona te dice que no te merece, créele a la primera, porque te dará todas las evidencias que necesitas para demostrártelo.

Recuerda que eso tiene que ver con los cuerpos emocionales heridos de los que hemos hablado antes. Estas creencias se implantan en las personas sin que ellas lo sepan, pero una vez que las reconocen es importante poner manos a la obra para que las trabajen. No importa cuántas estrategias tengas, ni tampoco cuánta voluntad poseas. Si la otra persona sigue discutiendo con su propio inconsciente, tú solamente podrás ser espectador, pero los riesgos son elevados porque las consecuencias pueden impactarte directamente.

De hecho, **discutir es beneficioso para la pareja. Porque es a partir de las diferencias de opinión, que se abre la posibilidad de conocer y entender un poco mejor el mundo del otro y su modelo de amor**. Las crisis son oportunidades y las peleas de pareja surgen como una posibilidad para conocer el modelo del otro, para entender su perspectiva y para conocer su visión. Es natural no estar de acuerdo en todo y es incluso saludable, es ahí en donde cada uno de los individuos puede elegir integrar partes del modelo de amor del otro y redefinirse. **Es en las discusiones en donde se generan acuerdos que irán configurando el nuevo modelo de amor, el modelo de amor compartido** que con el paso del tiempo requiere ser más sólido y completo que los modelos de amor individuales.

Se requiere aprovechar las crisis para replantear acuerdos que ya no sirven, para diseñar nuevas estrategias y fórmulas para vivir mejor. Las crisis sirven para anunciar que algo que antes funcionaba, ya no sirve más y lo único que podemos hacer ante una situación así es trabajar. En las dificultades, las parejas necesitan armarse de su propia voluntad. Es el momento en el que vale la pena recordar que no es buena idea tomar decisiones permanentes por emociones que son pasajeras y temporales.

Cuando las crisis se presentan, es importante que cada miembro de la pareja asuma su parte de responsabilidad. Somos corresponsables de todo lo que ocurre. Durante una dificultad, cada uno deberá trabajar en lo que le corresponde y se necesitarán pactar nuevos acuerdos y compromisos. En una crisis, no podemos decir que a cada uno corresponde la mitad, pero lo que es un hecho es que **para solucionarla se requieren dos voluntades que quieran resolver el problema**, y siempre integrando creatividad, voluntad y amor, hay una manera de solucionar las cosas.

Es importante mencionar que actuar desde el dolor, nubla el entendimiento. Si alguno de los miembros de la pareja se siente lastimado por algo que ha hecho el otro es menester de ambos trabajar. Por un lado, el afectado no debería estar castigando al otro por lo sucedido, necesita trabajar en el perdón para poder sanar su herida desde adentro. Usando este poder, todas las ofensas pueden mejorarse. Por otro lado, la persona que cometió alguna falta o que hirió al otro, necesita reconocer su parte de responsabilidad y ayudarle a recuperarse.

Algunas crisis en pareja son más difíciles de superar que otras. Lo que es importante es que cuando una se presente, la aprovechen para sentar las bases sobre las cuales se puede continuar sana y amorosamente o bien se planteen con claridad las rutas para separarse.

En ocasiones, las parejas prefieren evadir las dificultades y hacer como que no han pasado. Esa es la peor estrategia. Si un conflicto actual no se resuelve, entonces las expectativas de que se repita son altas. No dejaremos de discutir con nuestra pareja por los mismos puntos hasta que sanen las heridas o cambien las estrategias: **si no lo hablamos no podemos esperar que sanen las heridas ni que cambien las estrategias**.

Estamos destinados a sanar nuestras propias heridas, somos seres que repetimos los patrones hasta que los entendemos y los modificamos. **Muchas veces, las parejas nos confrontan con las más profundas lesiones de nuestros cuerpos emocionales**. Lo que es un hecho es que **esas ofensas tarde o temprano, tendrán que ser sanadas**. Aprovechemos las crisis de pareja para aprender a curar nuestros cuerpos emocionales heridos.

Aprende a expresar lo que no te gusta y lo que no quieres, y aprende a escuchar las necesidades de tu pareja. Sanar el cuerpo emocional es una decisión muy importante si lo que se desea es que la relación de pareja funcione. En muchas ocasiones, hay que darse cuenta de que el otro ni siquiera tiene idea de la herida que tocó y es trabajo personal identificar de dónde viene la herida y seguir el tratamiento para curarla.

Aprender a discutir es una de las habilidades más importantes que NECESITARÁS si quieres tener una relación de pareja. Te propongo cuatro pasos para que las discusiones se conviertan en acuerdos que fortalezcan tu relación:

1. Reconoce que no hay maldad en el otro
2. Identifica lo que tú sentiste y qué es lo que significa para ti
3. Identifica cuál es el verdadero conflicto o problema
4. Haz equipo con tu pareja

1. *Reconoce que no hay maldad en el otro*

Si estás en una relación de pareja en la que no puedes garantizar que el otro no quiere hacerte daño, entonces estás en un lugar peligroso e incorrecto.

En una relación funcional ambas partes pueden tener certeza de que el otro no hace las cosas por maldad o con una mala intención. Te repito, si estás en una relación en la que constantemente te sientes la parte atacada y por lo tanto tienes que defenderte entonces ese no es el mejor lugar para ti.

Es importante reconocer que el otro tiene su propia percepción, sus estrategias y su propio modelo de amor y muchas (muchas, muchas, muchas, muchas) veces las personas no tienen idea de que algo que hacen puede lastimar al otro. Cuando esto ocurra no dejes que pase desapercibido porque entonces será un comportamiento que se repita, en cambio, reconoce que no hay maldad en el otro...

2. *Identifica lo que tú sentiste y qué es lo que significa para ti*

Cuando el otro hace algo que te molesta es importante que antes de juzgar el comportamiento te regules, te observes y te preguntes: ¿qué siento?, y ¿qué significa eso para mí? Si partimos de la premisa de que no hay una mala intención en el otro, entonces **tendremos que explicar lo que ese acto significó para nosotros**. En lugar de reaccionar, es importantísimo poner una pausa para identificar específicamente lo que sentimos...

3. *Identificar el verdadero conflicto o problema*

Cuando nos detuvimos a pensar lo que ese acto significó para nosotros entonces podemos entender específicamente **qué es lo que nos molesta o lo que no nos gusta**. Es muy importante identificar el verdadero problema y no comenzar a hacer generalizaciones.

Ejemplo: "Nunca me tomas en cuenta", "No te importa lo que siento", "Siempre llegas tarde". Cuando identificas el problema entonces es más sencillo encontrarle una solución. Ejemplo: "Cuando haces planes sin mí, YO SIENTO que no me tomas en cuenta y eso PARA MI SIGNIFICA que no me amas". Entonces, el problema no es que no te ama o que no te toma en cuenta sino que hace planes sin ti. Una vez identificado el problema entonces...

4. *Haz equipo con tu pareja*

En este punto es importantísimo comprender que **no eres tú en contra de tu pareja a ver quién gana y a ver quién tiene la razón**. Con seguridad cada uno tiene razón desde su punto de vista, pero ese no es el tema. Lo que es fundamental es comprender que son los dos, haciendo equipo y buscando una estrategia para resolver el problema.

JUNTOS contra lo que es incómodo para alguno de los dos. No es uno en contra del otro, son los dos en contra del problema. Aquí **es vital hacer acuerdos en los que ambas partes queden satisfechas y se sientan comprendidas y apoyadas**.

Lograr seguir estos cuatro pasos requiere mucha paciencia y voluntad. Generalmente cuando hay discusiones o crisis alguna de las partes se sentirá atacada y **una persona que se siente atacada es una persona que se defiende** y como dice el dicho: "La mejor defensa es el ataque". Es por eso que muchas veces se convierte en el cuento de nunca acabar. Una diferencia produce dolor en alguno de los miembros de la pareja, éste al sentirse atacado, se defiende y lanza un contraataque, el otro al sentirse atacado, se defiende y lanza otro contraataque y así hasta las lágrimas, los gritos y los azotones de puerta. **Para romper con esa cadena de eventos de dolor sigue estos cuatro pasos y haz un gran equipo con el otro para que resuelvan juntos todas las dificultades que encontrarán en el camino de la vida**.

Puedes entrar a www.karlalara.mx/losmodelosdelamor para descargar un mapa de ruta de estos cuatro pasos.

Estamos destinados a sanar nuestras propias heridas, somos seres que repetimos los patrones hasta que los entendemos y los modificamos.

5. *Si me amas, deberías saber lo que necesito, quiero, espero, pienso y deseo.*

Éste es uno de mis favoritos, me parece el más divertido de todos los mitos, la mayor farsa y la creencia más limitante. **¿Cómo podemos pensar que alguien más sabrá lo que queremos o necesitamos si, en ocasiones, ni siquiera nosotros mismos lo sabemos?** Además, las personas cambiamos de opinión todo el tiempo, ¿cómo será posible que el otro adivine todo el tiempo lo que queremos, pensamos, deseamos o esperamos? La verdad es que es poco probable que alguien se la pase adivinando lo que necesitas. **Si quieres, deseas o anhelas algo, mi consejo es que aprendas a comunicarlo.**

CASO 12: FLORES SÍ, FLORES NO

Fabiola y Sebastián comenzaron su relación hace algunos meses. El sueño de Fabiola es que su pareja le envíe flores a su oficina. Ya sea porque es una fecha especial o simplemente porque le dan ganas. Sin embargo, ella no le dice a Sebastián que quiere que le mande flores.

Eso sí, Fabiola le cuenta a todas sus amigas las ganas que tiene de recibir flores, le cuenta a su mamá y a su hermana lo lindo que sería recibirlas, pero nunca le dice a Sebastián. Porque ella asume que él debería de saberlo.

Cuando llega el cumpleaños de Fabiola, Sebastián prepara una comida sorpresa para ella. Al final del día ella está triste. Un poco frustrada. Sebastián lo nota y le pregunta qué es lo que pasa. Fabiola responde: "Pensé que hoy me mandarías flores a la oficina". Sebastián la mira y le dice: "Yo pensé que no te gustaban las flores, como nunca me has dicho que te gustan, simplemente no se me ocurrió".

En otras palabras, **no esperes que la otra persona adivine lo que necesitas**. Si quieres algo pídelo con claridad. No vivas en la ilusión de que todo debería ser espontáneo y mágico. Eso sólo te generará incomodidad y enojo. El camino directo a la frustración es que las expectativas y la realidad no embonen. **Si quieres que tus expectativas estén cubiertas, entonces es buena idea comenzar a comunicarlas**.

Aprende a pedir amorosamente lo que deseas. Se necesita dejar de exigir que el otro adivine y comenzar a compartir tu propio modelo de amor. Dale pistas a tu pareja de lo que te gusta, de lo que te hace sentir bien y de lo que deseas.

Si quieres algo pídelo con claridad. No vivas en la ilusión de que todo debería ser espontáneo y mágico.

El doctor Miguel Ruiz nos regala un excelente acercamiento diciéndonos que intentar cambiar a una persona es como desear que tu perro se vuelva gato. No importa cuánto lo ames, el perro siempre será perro aunque tengas muchas ganas de que se convierta en gato.

Lo primero que se requiere para poder compartir con el otro nuestro propio modelo de amor es conocer nuestro patrón y nuestro lenguaje de amor. **Necesitas definir qué es lo que quieres porque eso te regresa a tu propio poder personal.**

En cambio, cuando esperas que el otro haga todo, entonces la otra persona tiene todo el poder. Porque si hace provocará alegría y, si no hace, provocará frustración.

Casi puedo escuchar a tu ego gritando: *¡pero no se puede no esperar nada!* Ciertamente no es fácil, dada la educación que hemos recibido y la información del mundo moderno que nos hace entender todo como un intercambio: *si yo te doy amor, tú tendrás que darme algo a cambio*. Pero la realidad es otra. Nacemos sin esperar nada. Si necesitamos algo, lloramos con fuerza y mamá entiende que algo ocurre.

Imagínate un bebé con el pensamiento: *Tengo mucha hambre, pero no voy a pedirle a mamá que me dé comida, ella debería saber que yo necesito comer. Si no me da de comer, voy a enojarme con ella y a decepcionarme mucho porque eso significa que no me ama lo suficiente.* El bebé no tiene esos prejuicios, si necesita algo, lo pide.

No estoy diciendo entonces que si quieres algo, llores hasta que lo consigas. El bebé llora porque ese es su mecanismo de comunicación. Los adultos necesitamos aprender a transmitir nuestras necesidades de la mejor manera. No esperar hasta que no se pueda manejar y sea una frustración enorme, sino reconocer la necesidad o deseo y poder externarla en la medida, tiempo y espacio justos.

Declárate enemigo del círculo vicioso de "A más amor, mayor decepción". Aprende a escucharte para que puedas comunicar mejor y al mismo tiempo, **aprende a reconocer tu lenguaje de amor y el lenguaje de amor de tu pareja**.

Así como cada individuo tiene su propio modelo de amor, **el doctor Gary Chapman definió cinco lenguajes del amor**. Estos lenguajes son categorías que sirven para identificar de una manera bastante precisa, cómo nos gusta que nos amen o bien qué tiene que hacer el otro para que nos sintamos amados. Es muy importante que comprendas que de nada sirve que ames a tu pareja con todo tu corazón, si no sabes demostrarlo en su lenguaje de amor.

Chapman dice que **dentro de todas las personas hay un tanque emocional**, cuando ese tanque está vacío dejamos de funcionar bien. El problema no es solamente cuando está vacío sino cuando el otro quiere llenarlo con un combustible distinto al que usa.

La razón por la cual muchas veces se genera distancia emocional entre las parejas, es porque sus tanques emocionales están vacíos.

Los cinco lenguajes del amor son los siguientes:
1. Palabras de afirmación
2. Contacto físico
3. Regalos
4. Tiempo de calidad
5. Actos de servicio

Si tu eres una persona de palabras de afirmación entonces tu tanque se llena cuando tu pareja te reconoce, te hace cumplidos y te dice que te ama y lo mucho que le gustas. **Tu tanque estará vacío si sientes que el otro no te reconoce o no aprecia la que haces.**

Si para ti el lenguaje primario es el contacto físico, entonces tu tanque estará lleno cuando sientas caricias o tengas contacto físico con tu pareja. Se vaciará si sientes rechazo o si no hay contacto.

Si tu lenguaje es recibir regalos, tu tanque estará lleno cuando tu pareja tenga detalles que más allá del valor económico te hagan saber que durante el día pensó en ti y sabe lo que te gusta. El tanque puede vaciarse si sientes que el otro no pone atención en los detalles o si olvida una fecha importante.

Si tu lenguaje es tiempo de calidad entonces tu tanque se llena cuando sabes que tu pareja está contigo en completa presencia. Su cuerpo, su mente, su corazón y su espíritu están completos para ti. Sentirás que se vacía si pasa mucho tiempo sin estar en contacto o si sientes que aunque estén en el mismo lugar no están conectados.

Si tu lenguaje es actos de servicio, tu tanque estará lleno cuando sientas que tu pareja te ayuda y hace cosas por ti, cuando se hace cargo de algunas de tus actividades y con ese acto te hace sentir que eres importante. Se vaciará si sientes que al otro no le importan las cosas que son importantes para ti y muestra falta de interés para ayudarte.

Los cinco lenguajes de amor:

LENGUAJE	NECESITA	ACCIONES	EVITAR
Palabras de afirmación	Afirmar al otro, apoyarlo, reconocerlo y escuchar activamente	Enviar una nota, un mensaje de texto o de voz inesperado.	No reconocer o apreciar el esfuerzo que hace el otro.
Contacto físico	Uso de la comunicación no verbal, caricias para expresar amor.	Besos, abrazos y sesiones de masajes o caricias.	Mostrar rechazo o distancia física.
Recibir regalos	Pienso en ti y eres mi prioridad.	Dar regalos y detalles como muestra de amor y gratitud.	Olvidar ocasiones especiales, no poner atención en los detalles.
Tiempo de calidad	Largas pláticas, tiempo uno a uno.	Crear momentos especiales, hacer cosas juntos.	Mucho tiempo sin estar en contacto uno a uno.
Actos de servicio	Hazle saber que cuenta contigo y que estás ahí.	Prepara la cena. Ayuda a realizar alguna de sus actividades.	Desidia en las cosas que son importantes para el otro.

Identifica cuál es tu lenguaje de amor y cuál es el de tu pareja. Platíquenlo, y encuentren formas creativas de comunicar en el lenguaje del otro.[9]

9 Doctor Gary Chapman, *Los 5 lenguajes del amor*, Florida: Unilit, 2011.

6. *Casarse fortalece la relación y si eso falla, tengan un bebé*

Es necio y terco. Además es la crónica de un divorcio anunciado. Créeme, si las cosas en una relación van mal, casarse no mejorará nada. Al contrario, lo único que puede ocurrir es que todo empeore. No caigas en el engaño y no te subas al tren de "las cosas que se supone que tienes que hacer".

Piensa que firmar un papel, no te traerá soluciones a los problemas. Puede ser que la ilusión de casarse los haga sentir mejor de manera momentánea, pero será eso, solamente un deseo temporal, un aliciente pasajero.

Las parejas necesitan claridad antes de dar el gran paso y si deciden darlo es buena idea estar seguros de que lo hacen por las razones correctas. El matrimonio es mucho más que una fiesta bonita, es un acuerdo de voluntades para permanecer unidos, implica obligaciones y responsabilidades. Es un vínculo voluntario y una declaración social de que cada miembro de la pareja hará todo lo que sea necesario para lograr mantenerse unidos.

Aunque si para lograr continuar juntos la única alternativa es tener un bebé, eso se llama **crueldad. Formar una familia es una gran responsabilidad.**

No es buena idea caer en la fantasía de que un hijo trae amor para todos. Los bebés no se merecen cargar en sus hombros con esa responsabilidad, porque sencillamente no les corresponde. Si la relación no es lo suficientemente sólida ni funcional, no habrá bebés suficientes que puedan solucionarlo.

Antes de casarse, hablen de los temas complicados y miren si pueden llegar a acuerdos. Me encuentro con parejas que llevan años de casados y nunca han hablado del tema de los hijos porque les da miedo lo que vaya a pensar el otro. ¿No te parece que esa es una conversación previa al matrimonio?

Antes de casarse, hablen de los temas que parecen más escabrosos y trabajen en llegar a un acuerdo conveniente para los dos. Si no pueden llegar a acuerdos útiles para ambos, es mejor separarse antes de casarse que sobrepasar un divorcio tormentoso. Ésta es una lista de temas que es importante hablar con la pareja:

1. Cambio

Tú y yo sabemos que no piensas que tu pareja es perfecta. Si identificas comportamientos que no te gustan y tu estrategia es simplemente esperar que con el tiempo cambien, quiero decirte que estás siguiendo una estrategia muy destructiva. **Atrévete a hablar de esas manías que no entiendes del otro, de los detalles que te parecen molestos y de las cosas que a lo mejor para el otro no son importantes, pero sí para ti.**

2. Dinero

El dinero y las finanzas hacen parte de la vida cotidiana. Si te encanta ahorrar para el futuro y eso te da seguridad y tu pareja es más del estilo de vive el momento, eso será un problema en el futuro. **Abre la conversación con respecto a las finanzas, al ahorro, a los gastos**. Esta conversación puede ahorrarte muchas dificultades en el futuro.

3. Sexo

Si percibes que hay alguna diferencia en el acercamiento al sexo o a la intimidad, entonces habla del tema. **La frecuencia, las necesidades, los gustos, deseos, fantasías son temas a tratar**. El sexo nunca puede quedar fuera de la ecuación. Si alguien dentro de la pareja siente que sus necesidades no están siendo cubiertas, esto genera resentimiento, dolor y eventualmente distanciamiento. ¡Habla de sexo, ya eres grande!

4. Tiempo contigo
No importa lo bien que lo pases con tu pareja, a veces necesitas tiempo contigo. Es básico que se pongan de acuerdo en este punto porque no todas las personas lo hacen consciente. **El tiempo a solas te permite regresar a ti**, retomar el contacto contigo, pero si no lo comunicas a tu pareja de manera efectiva, entonces puede tomarlo como un rechazo.

5. Hijos
¿Quieren hijos? ¿Cómo van a educarlos? ¿Van a acercarlos a alguna religión? ¿Hay comportamientos en la familia de tu pareja que no quieres que permeen a tus hijos? Créeme, es un tema. Tu forma de hacer crianza y la de tu pareja pueden ser completamente diferentes, **identifiquen los valores que quieren transmitir**.

6. Expectativas
¿Qué esperan del futuro? ¿Cómo se ven en 10, 15, 20, 30 años? ¿Cuál es su idea de una pareja feliz? **Muchas veces entramos a las relaciones y suponemos que el otro quiere lo mismo que nosotros**, conforme pasa el tiempo y no lo obtenemos surge un resentimiento y una sensación de que el otro

nos debe algo. No des un paso más sin saber si van para el mismo lugar.

Antes de casarse, aprendan a hablar, aprendan a discutir y aprendan a resolver. **Si no puedes hablar, discutir y resolver con tu pareja entonces no te cases.** Evítate un divorcio y mejor invierte tus recursos de tiempo y dinero en encontrar estrategias para comunicarte de manera efectiva. Antes de casarse, aprendan cómo hablarse.

7. Mi pareja es perfecta

Mentira, ésta es una creencia que genera mucha impaciencia y desconcierto. Irremediablemente los individuos descubrirán que la pareja no es perfecta. Es probable que el otro tenga algún comportamiento o conducta que no se esperaba y ahí es cuando hace falta reconocerle como ser perfectible. Es importante para las personas reconsiderar el idealismo que se coloca en la pareja para no sobrecargarla de atributos. El otro, a veces, es una construcción que haces desde tus deseos y fantasías. **Es buena idea que conforme pasa el tiempo, te quites los lentes de la ilusión y aprendas a reconocer que tu pareja tiene lugares de luz y lugares de sombra.**

Así como revisamos que **una pareja** es la suma de dos complejidades en el mito cuatro, también podemos decir que **es la unión de dos seres perfectibles**. En ocasiones, la desilusión que causa darnos cuenta de que el otro no es quien pensábamos, es mucho más grande que la ofensa misma.

Cuando los individuos aprenden a reconocer que el otro puede equivocarse porque no es perfecto, entonces se puede comprender que ambos están en un proceso de aprendizaje y crecimiento.

Quitemos la sobrecarga de la perfección de la pareja para que podamos conocer realmente a quien hemos elegido. **Aprender a amar la imperfección del otro y elegirle cada día puede ser una de las mayores pruebas del poder del amor.**

Qué bonita es la compañía de alguien que a pesar de haber visto tus heridas, se queda a acompañarte mientras las curas.

8. Y vivieron felices por siempre

Qué bonito, pero qué lejano. No es posible conocer el futuro de una relación el día en el que se casan. Dado que es **a partir de ese momento que se necesita trabajar arduamente cada día para que la relación se mantenga funcionando.**

Si crees en este mito, entonces cada vez que haya una crisis, te sentirás muy mal porque definitivamente en las dificultades, no siempre se es muy feliz. En este caso, la carga emocional del evento será excesiva y será más difícil resolverla.

La felicidad es una elección personal. Debe encontrarse dentro de cada individuo. Es muy complicado si una persona desea que alguien le haga feliz. Nuevamente en esa manera de pensar, otorgamos todo el poder al otro y se vive con la angustia de pensar que si el otro se va, se llevará la felicidad.

Es muy importante que cada individuo de la pareja busque su felicidad personal porque finalmente no es posible compartir algo que no se tiene. Si en su interior las personas no tienen amor o felicidad, entonces no podrán compartirlo con nadie más. Reconoce tu propia fuente de amor y felicidad. **Aprende a amar y a sentirte feliz desde adentro, a partir de ti**.

Recupera tu poder interior conectándote con tu amor y con tu felicidad. El amor auténtico no es solamente el que se recibe, sino el que además se da. Eso es lo que realmente te pertenece, tu amor.

Tu trabajo y responsabilidad es mantener tu tanque emocional llenito por tu cuenta y compartirlo con alguien más. **Recupera tu autonomía emocional y hazte responsable de tu amor**.

Mi apuesta es que cualquier relación puede disolverse si no se trabaja lo suficiente y si las partes involucradas no se dan cuenta de la diferencia que existe entre...

TENER PAREJA *VS* FORMAR PAREJA

La diferencia entre tener pareja y formarla es abismal. **Recuerda que hacer pareja requiere de esfuerzo, trabajo y voluntad**. El tercer elemento, la relación, necesita nutrirse de las energías individuales de cada miembro.

Bien vale la pena comprender que nunca tenemos a alguien sino a nosotros mismos. Tener y poseer son sinónimos y no podemos poseer a nadie. **Cualquiera puede tener pareja, pero formarla es sólo para los que se comprometen y para los que se esfuerzan**, para los valientes que se confrontan con sus propias heridas, y que junto a alguien deciden hacer el trabajo para sanarlas.

Hacer pareja es un arte. Implica reponerse de las circunstancias complicadas y comprometerse a avanzar. Se trata de tomar a alguien de la mano, no para atarle, sino para acompañarle. **Es darse al otro sin quedar vacíos**. Es encontrar en el otro, piezas de la magia de la vida y piezas de otro modelo de amor para compartir con ese ser la magia propia y el modelo de amor personal. Formar pareja es impulsar al otro para que se acerque a sus sueños, es estar presente en su crecimiento y en la construcción de su mejor versión, sin dejar de lado los propios sueños y aprovechando el impulso para cada día ser una mejor versión. Es ser cómplice y trabajar cada día con el otro para el desarrollo de ambos. Es querer ser mejor persona para compartir nuestra mejor versión con el otro.

Hacer pareja es ser artesanos del amor, sanando heridas propias y acompañando a sanar las ajenas. Comprendiendo que cada uno está en su propio camino de crecimiento y que se coincide para avanzar y para crecer. Formar pareja es avanzar, es un arte en movimiento que no puede quedarse estático. Todo en la relación cambia con el tiempo –los individuos, las circunstancias y por la tanto, la relación–. Es aprender a ajustarse a esos cambios y a dar pasos firmes hacia la felicidad y la realización personal que podrá ser compartida. Hacer pareja no es tarea fácil, pero el viaje es fascinante.

Una buena herramienta para comenzar el proceso para hacer pareja es comprender las diferentes energías sexuales que poseemos. Se suele pensar que con el tiempo es normal que las parejas dejen de sentir atracción por el otro. La noticia es que no es algo que deberías normalizar, lo que ocurre, es que **deja de existir polaridad entre las energías y sin polaridad deja de existir la atracción.**

Si bien el sexo no es lo más importante en una relación, **sí puedo decir que la intimidad es un pegamento muy fuerte para que dos personas se mantengan en una relación monógama siendo fieles.** Desde mi punto de vista, lo único que hace diferente una amistad de una relación de pareja es la presencia de intimidad y de sexo.

ENERGÍA MASCULINA Y ENERGÍA FEMENINA

Todas las personas tenemos dos energías. Energía sexual masculina y energía sexual femenina. **El objetivo es aprender a conectarnos con esas energías y al mismo tiempo aprender a equilibrarlas.**

En una relación de pareja es fundamental la polaridad entre estas energías. Finalmente, la ciencia nos ha demostrado que polos opuestos se atraen y que polos iguales se repelen. Es por eso que se requiere que exista equilibrio entre estas dos energías en los miembros de la pareja para que se mantenga la atracción.

No es relevante quién tenga cuál energía, **lo que es fundamental es que en la pareja existan las dos energías.**

CASO 78: ENERGÍAS CONTRARIAS

Conocí a Alejandra y a Julián. Ellos eran pareja desde hace once años. Últimamente Julián había tenido ganas de dejar la relación y querían sesiones de coaching.

Alejandra es una mujer alfa, trabajadora e independiente. Julián trabaja en la empresa de Alejandra. Ella es muy dominante y él ha aprendido a contenerse. Mi recomendación para ellos fue que tenían que equilibrarse. Por un lado, Alejandra necesitaba ponerse en contacto con su energía femenina y Julián necesitaba recuperar su energía masculina. En su relación, estaban aplicando la energía contraria. Ella siendo pura energía masculina y él siendo energía femenina. En esencia, eso no podía funcionar porque mientras más pasaba el tiempo, Julián se sentía más y más frustrado, menos significativo y, por lo tanto, quería dejar la relación.

Recuerda que la naturaleza tiende al equilibrio y por lo tanto **resulta natural que las personas vayan equilibrando su energía con la de su pa-**

reja. Lo que es importante destacar es que con el paso del tiempo las personas van cambiando y no es garantía que siempre se mantengan en la misma energía. En las primeras fases de la relación las personas "se venden" en una energía que no necesariamente es la auténtica.

La energía sexual masculina está orientada a alcanzar propósitos y objetivos, busca experimentar libertad y es estimulada cuando hay retos. **Es directa.**

La energía sexual femenina busca ser libre, abierta y fluir. Busca experimentar amor, busca ser comprendida y necesita sentirse deseada. **Es abstracta.**

Como hemos visto, la diferencia entre la energía masculina y femenina no se corresponde necesariamente con el género físico. Una mujer puede tener altas cargas de energía masculina y un hombre altas cargas de energía femenina y eso no determina sus preferencias.

Lo más importante para comprender la atracción entre dos personas es saber cuál es su verdadera naturaleza y cómo se manifiesta. **Una vez que comprendas la energía que produces, entonces podrás comprender mejor la energía que tu pareja recibe y da a cambio.**

Categoría	Energía femenina	Energía masculina
Energía	Libre y fluida	Rígida y de fuerza
	Emociones, relaciones y amor	Dirección en la vida y misión
Enfoque	Muchas cosas a la vez, estado de *flow*, busca conexión	Una sola cosa a la vez. Si ve un problema quiere resolverlo.
Deseo	Sentir que provocan atracción, sentir comprensión y que son parte de algo más grande	Sentir que les aprecian, quiere poseer, le encanta competir
Retos	Se quedan y ponen atención al tono en las conversaciones	Se van y ponen atención a las palabras

Nacemos con una tendencia a desarrollar alguna de las dos energías, pero con el paso del tiempo vamos disfrazando esa esencia porque nos ponemos a buscar que nos acepten y que nos amen. Por eso a veces resulta tan confuso comprender cuál es tu energía primaria y **para descubrirla lo mejor es que te observes e identifiques en cual energía pasas la mayor parte de tu tiempo sintiendo tranquilidad y comodidad.**

Lo que quiero que recuerdes es que cuanto más opuestas sean las energías sexuales entre dos personas (energía masculina *versus* energía femenina) más fuerte será la atracción en su relación. **Cuando dos personas tienen una polaridad sexual similar, es decir, ambas son más "masculinas" o ambas "femeninas", entonces la atracción entre ellas disminuirá**. Pero si hay una fuerte diferencia, donde uno es extremadamente "femenino" y el otro compañero es "masculino", entonces la atracción física será maximizada.

Pregúntate en qué energía pasas mayor tiempo. Recuerda que todas las personas experimentamos ambas energías, pero **lo ideal es encontrar un balance entre ellas que no afecte nuestras relaciones.**

Un comportamiento que típicamente destruye la polaridad es la complacencia. Después de un tiempo en la relación, las personas entran en un estado emocional parecido al "modo avión" o de ahorro de energía.

Cuando tu cabeza se acostumbra a la dosis del cóctel del enamoramiento llegan etapas en las que las personas se vuelven complacientes "con tal de no pelear" y eso es uno de los ingredientes más destructivos para la polaridad.

Si para no pelear entras en la energía del otro que generalmente tiende a ser energía femenina,

Preguntas:

¿En cuál energía pasas más tiempo?

¿Qué necesidad emocional prefieres que cubra tu pareja en tu vida?

a. Certeza
b. Variedad
c. Ser significativo
d. Amor y conexión

¿Qué puedes hacer para equilibrar tu energía?

Si estás en pareja: ¿qué pueden hacer para que su relación mantenga polaridad (para que exista energía femenina y energía masculina en la relación)?

entonces la relación entra en un estado de coma, en el que no hay peleas, no hay atracción, no hay emoción, no hay intercambio y comienza a llenarse de rutinas, de aburrimiento y eventualmente eso promueve distancia emocional y física.

CASO 137: HACEN FALTA CHISPAS

Conocí a Carla y a Pablo, ambos componían una pareja joven con dos años de noviazgo, cuando llegaron a sesión en realidad no se veían distanciados, al contrario todo el tiempo estaban de la mano y durante la sesión incluso había intercambio de esas miradas que sabes que son una muestra de complicidad. Cuando les pregunté qué era lo que hacían en coaching Carla me dijo que no sabía lo que pasaba, pero que sentía que algo estaba raro, le costó mucho trabajo acomodar lo que pensaba en palabras, hasta que finalmente dijo: *"Estamos juntos mucho tiempo, y nos divertimos y sé que lo amo y que me ama, pero muchas veces me siento sola cuando estamos juntos, es como si se hubiera ido la chispa"*. Pablo en cambio dijo, yo no entiendo qué pasa, sigo haciendo las mismas cosas que antes, pero sé que ella siente que algo no está funcionando y eso me frustra entonces cada vez que me dice me enojo y todo se pone peor.

Les hice algunas preguntas y Pablo dio la clave para saber lo que pasaba: "A mí lo que me pasa es que quiero complacerla en todo y de todas formas está enojada".

Al quererla complacer en todo, entonces comenzó a dejar de ser quien era, dejó de tener iniciativa, dejó de seguir su instinto y de estar conectado con su propia energía, estaba tan concentrado en ella que se olvidó de él, y eso impactó en su energía masculina. La regla no falla, dos personas con energías similares comienzan a repelerse, dos personas con energías diferentes se atraen.

El ajuste fue que Pablo volvió a poner atención en él y salió del modo de complacencia, se reconectó con él mismo y la relación recobró su chispa.

Así que no te conformes con estar con alguien, **haz pareja y trabajen juntos para descubrir cuál es su lenguaje del amor**, cuál es su energía sexual primaria y cuál es su modelo de amor.

Si no tienes pareja, entonces haz el trabajo para ti. Descubre cuál es tu lenguaje del amor, cuál es tu energía sexual y descubre cuál es tu modelo de amor. **Cuando te conoces de esta manera y haces trabajo personal es mucho más probable que tu siguiente relación sea nutritiva y funcional.**

En pocas palabras:

1. El enamoramiento es solamente una de las etapas de la relación. Aunque es divertida y puede resultar adictiva, recuerda que el obsesionarte con esa etapa puede evitar que experimentes relaciones más profundas y de mayor conexión.
2. Aprender a discutir es una de las mayores habilidades que debes desarrollar si quieres que tu relación subsista. Los malentendidos y desacuerdos son normales entre dos personas. No te dejes llevar por tus heridas ni huyas del conflicto, mejor aprende a resolverlo.
3. Habla de los temas que sean incómodos antes de seguir avanzando, una plática a tiempo puede evitarte miles de discusiones y malentendidos.
4. Hay cinco lenguajes del amor: palabras de afirmación, contacto físico, regalos, tiempo de calidad y actos de servicio. Identifica el tuyo para que sepas comunicarle a tu pareja lo que te hace sentir amado.
5. Hay una diferencia importante entre tener pareja y hacer pareja. Tener pareja es fácil, pero es pasajero, hacer pareja implica esfuerzo aunque con ello las relaciones son más profundas y con mayor conexión.

6. Todas las personas tenemos energía femenina y energía masculina. La energía sexual no va ligada ni al género, ni a las preferencias.
7. La polaridad es lo único que mantiene la atracción sexual. Si no hay sexo entonces no son pareja.
8. Ámate mucho y sé EXTRAordinario.

¡ANTES DE CONTINUAR HAZ UN CHEQUEO!

1. ¿Cómo me siento hoy?

2. ¿Con cuál energía sexual me identifico más? ¿Energía sexual femenina o energía sexual masculina?

3. ¿Cuál es mi lenguaje del amor?

4. ¿Qué significa para mí hacer pareja?

FECHA: / /

MAPA DE RUTA

1. EN DÓNDE ESTOY	2. EN UN AÑO VOY A ESTAR...
3. POR QUÉ ES IMPORTANTE	4. HABILIDADES QUE NECESITO

FECHA: / /

¿CÓMO ME SIENTO HOY?

ME SIENTO ASÍ PORQUE

HOY MI META ES...

ESTA META ME IMPORTA PORQUE...

1 COSA QUE HARÉ HOY PARA LOGRAR MI META ES

•

ESTOY AGRADECIDO POR...

FECHA: / /

¡*Eres EXTRAordinario!*

KARLA LARA

FECHA: / /

¡Eres EXTRAordinario!

KARLA LARA

Cuarta parte

Mejora tu relación. Ejercicios y rituales

El amor no nos vuelve perfectos, sino que nos confronta con nuestras sombras y en el mejor de los casos nos impulsa a diseñar una mejor versión de nosotros mismos.

Lo primero que quiero hacer para empezar con este capítulo, es decirte que sea cual sea tu historia nada significa en realidad que no sirves para las relaciones.

Probablemente no has tenido las mejores estrategias, a lo mejor jamás te detuviste a pensar que para hacer pareja tenías que desaprender muchas cosas y necesitabas desarrollar habilidades. Pero lo que es importante es que **si ya llegaste hasta acá, entonces hoy ya tienes mucha**

información que puede marcar diferencias significativas en tus relaciones y quiero felicitarte por eso.

Nadie nos enseña el arte de amar en pareja, pero **asumir la responsabilidad para aprender cómo hacerlo es uno de los mayores regalos que podemos darnos**, porque nada es más poderoso en la vida que el amor y la posibilidad de compartir ese amor con una pareja puede ser un detonante para que descubras la mejor versión de ti.

Quiero recordarte que todos nos merecemos un amor bonito y una relación nutritiva que promueva el bienestar, pero más allá de merecerla quiero que sepas que está disponible para ti y que puedes generarla. Las relaciones son como los jardines, una vez que tenemos un lindo jardín debemos cuidar de él. **Estos siete pilares que te comparto a continuación son semillas que harán que tu jardín sea bonito y que tu relación sea sólida, nutritiva y fuerte.**

LOS 7 PILARES DE LAS RELACIONES DE PAREJA

Cuando las personas llegan a sesiones de pareja, muchas veces me hacen la aclaración de que se aman. A lo que siempre replico: "Eso no lo pongo en duda, de lo contrario no estarían aquí, pero quiero decirles que eso no es lo más importante para mantenerse en una relación".

Para comenzar a construir pilares sólidos sobre los cuales construir una relación de pareja es fundamental perder el miedo a perder. **Cuando las personas tienen temor de perder al otro no están actuando desde el amor**, sino desde el miedo y a este punto, ya sabes que el miedo y el amor son energías opuestas.

El temor te lleva a someterte y a no ser auténtico con tus necesidades. El miedo engaña a las personas y les hace creer que la estrategia para que el otro no se vaya es quedarse callados y ceder a todo para complacer. Dejar de sentir miedo de perder es liberador y resulta que sentirse libre es uno de los combustibles que mejor alimentan las relaciones.

Cuando las personas descubren que el otro no les pertenece, que no es de su propiedad y cuando se reconoce la libertad del otro y se toma como prioridad permitirle al otro ser tal como es, entonces se puede trabajar en la construcción de una relación sólida.

Prueba repitiendo esto:

Nombre de tu pareja no me pertenece. No importa cuánto te amo, no puedo poseerte. Reconozco tu individualidad y te respeto. Amo tu libertad. No puedo controlar tus decisiones. Yo soy libre y Nombre de tu pareja también lo es. Pierdo el miedo de perderte. Me libero y te libero de esa carga. Quiero amarte en libertad. Quiero que seas tú y quiero ser yo cuando estoy contigo.

Es natural que exista cierta resistencia a repetir esa declaración de libertad. Hemos sido instruidos para querer poseer y es natural tener miedo a soltar, pero el resultado de hacerlo es poderoso. **Las parejas que aprenden a amar en libertad comienzan a impulsar el desarrollo de cada uno de los individuos**, lo que a su vez mejora el espacio de la pareja. La libertad de las personas entonces genera un círculo virtuoso de amor por amor, sin miedos, sin ataduras ni posesiones, sin dejar de ser quien se es para dar más y para estar mejor.

Después de muchas intervenciones con parejas considero que existen **7 pilares** sobre los cuales debe construirse una relación de pareja:

1. Voluntad
2. Respeto
3. Confianza
4. Comunicación
5. Admiración
6. Atracción / intimidad
7. Amor

1. ***Voluntad:*** palabra que viene del latín *voluntas,* que significa "querer, desear", de la raíz protoindoeuropea *wel/wol,* que quiere decir "ser complaciente, agradable y satisfactorio". De esta raíz proviene en inglés la palabra *will,* como sustantivo de "voluntad". Proviene también del antiguo alto alemán *wellan, wollen,* significando "querer, desear". Del Gótico *waljan,* que significa "elegir" y del sánscrito *varyah* "ser elegido, apto, apropiado, excelente".

Realmente para formar pareja se requiere de mucho esfuerzo, trabajo, dedicación y constancia. Se necesita interés de ambas personas para comprender el modelo de amor del otro. La voluntad es el primer cimiento sobre el cual se puede construir una pareja sólida.

Pregúntate si tienes la intención para trabajar cada día en hacer pareja. Pregúntate si acaso tienes voluntad para ser mejor persona cada día y poder compartir el resultado con alguien más.

Evalúa si realmente quieres esforzarte y dedicarte cada día a dar amor y felicidad. Determina si quieres comprometerte cada día con esa persona que elegiste para cuidar el amor que te da, para cuidar de ti y para cuidar lo que están creando como pareja.

Una pareja funcional es aquella en la que ambos individuos suman sus voluntades a diario para poner por encima de todo el cuidado, el entendimiento, el respeto y el amor.

2. ***Respeto***: en muchas ocasiones, los miembros de la pareja no estarán de acuerdo. Van a existir discusiones, peleas y malentendidos. Es fundamental no cruzar las líneas del respeto.

Es necesario determinar los límites en ese sentido y comprender que la otra persona no tiene que pensar o actuar como nosotros queremos. Se necesita respetar la individualidad del otro y la esencia del otro. Se necesita reconocer que el otro es autónomo y que no siempre estará de acuerdo con lo que pensamos o percibimos.

Respeto es no transgredir los acuerdos. Es cuidar del amor del otro. **Es aprender a dominar al ego**

cuando nos invita a hacer algo que puede dañar o herir al otro. Es detenerse antes de faltar a los compromisos hechos con la otra persona.

Respeto entendido también como no violentar al otro. No herirle, ni agredirle. Como sinónimo de dar cuidado al amor que el otro otorga. Cuidar de su corazón.

Respeto entendido también como no violentar al otro.

Es importante respetar los acuerdos y los compromisos que realicen, porque esto es lo que permite que exista...

3. *Confianza:* resulta importante que ambos miembros de la pareja sientan seguridad para expresar sus necesidades. **Muchas veces las personas tienen miedo de compartir lo que sienten o piensan por el temor a no ser aceptados por el otro**. Se necesita mucha confianza para alcanzar la libertad en pareja. Para ser auténticos delante del otro. Es fundamental compartir los miedos, las expectativas, los planes y los proyectos.

Confianza no es certeza. **Es difícil esperar que el amor sea infalible**. Las relaciones de pareja están conformadas por dos individuos (o más, en el caso del poliamor) y debido a que no es sólo uno, existe la posibilidad y la probabilidad de que algo falle.

Se necesita mucha confianza para alcanzar la libertad en pareja.

Confianza no es saber para creer, **confianza es creer en la palabra del otro y sentir seguridad de que lo que nos dice es, sin necesidad de pruebas.** Una relación, en la que no existe confianza, es una relación destinada a terminar mal. Si no podemos confiar en la persona que hemos elegido como pareja, entonces nos enfrentaremos a muchos fantasmas del pasado, viviremos con dolor, inseguridad y miedo.

La falta de confianza rompe las relaciones porque va destruyendo lentamente al individuo que no confía, lo confronta con sus peores miedos y heridas, y al cabo de un tiempo esto se vuelve letal para la pareja. Dudar del otro es una bomba de tiempo que tarde o temprano estallará, y que sin falla provoca dolor en ambos individuos, hasta que termina por separarlos.

4. *Comunicación:* las parejas necesitan aprender a conversar para compartir los buenos momentos y para superar los malos. Es importante transmitir lo que encontramos agradable y lo que es molesto. Muchas veces, los miembros de la pareja entran en el proceso imaginario y fantasioso de creer: "El otro debe saber lo que yo quiero o lo que yo necesito", o bien, "Si me conoce lo suficiente, entonces sabrá cómo actuar". Pero eso no es así. Recordemos que cada cabeza es un mundo y que cada miembro de la pareja vive desde su realidad, desde su perspectiva y desde su propio modelo de amor. **Dejemos de esperar que el otro haga lo que esperamos y practiquemos el arte de pedir.** Aprendamos a comunicar efectivamente lo que necesitamos, queremos, esperamos y anhelamos.

La comunicación es básica en momentos de crisis. Aprender a hacerlo efectivamente y afectivamente puede dar a los miembros de la pareja la posibilidad de resolver los conflictos. Comunicar no es sólo hablar, sino aprender a escuchar.

En las discusiones, las personas nos cerramos, estamos tan concentradas en lo que sentimos que nos olvidamos de escuchar. Lo tremendamente difícil es que al otro le pasa igual. La carga emocional de las palabras cuando estamos enojados, no es igual que cuando no lo estamos. Es muy importante que los individuos en pareja aprendan que las palabras no se las lleva el viento. Todo lo que decimos, con o sin intención, va a dejar una marca en el otro. Usa impecablemente tus palabras como máxima del doctor Miguel Ruiz en *Los cuatro acuerdos*.

Di lo que sientes, pero aprende a comunicarlo amorosamente. Una relación funcional es entre personas que saben comunicar y escuchar para resolver, no para herirse o ganar alguna batalla. Es seguro que desde el punto de vista individual, cada uno tiene razón, pero lo que es importante recordar es que, **por encima de tener la razón, está comprender lo que el otro sintió o percibió.** Lo importante no es tener la razón, sino aprovechar el recurso de las palabras para encontrar una vía que nos acerque al otro. **Las palabras son un puente que nos conecta o nos separa de quien amamos.**

Recuerda que puedes descargar el mapa de ruta de 4 pasos para discutir en www.karlalara.mx/losmodelosdelamor

> **Comunicar no es sólo hablar, sino aprender a escuchar.**

5. *Admiración:* he encontrado que es muy importante en el largo plazo porque sirve para mantener sólido el pilar del respeto. Admirar a la pareja es fundamental por tres razones: la primera, porque contribuye a cubrir la necesidad emocional básica de ser significativo; la segunda, porque favorece la atracción; y la tercera, en el aspecto social, porque nos importa la opinión de los demás.

Cuando dejas de admirar a tu pareja corres el riesgo de dejar de valorarle. **Cuando el amor deja de ser apreciado será muy difícil salvarlo de ser vulnerado por fuerzas externas.**

Admirar a quien amas es uno de los ingredientes de la receta secreta del amor. Es una mezcla que hace que las personas se mantengan unidas, sentir que puedes crecer junto a tu pareja o que hay cosas que puedes aprender es una sensación increíble y necesaria para que siga existiendo polaridad. **Cuando las personas dejan de admirar a su pareja, otros de los pilares comienzan a tambalear, tal como el respeto y la atracción.**

6. *Atracción:* lo que realmente hace la diferencia entre una pareja y una gran amistad es la intimidad. Cuando los individuos dejan de sentir atracción por sus parejas y la frecuencia de las relaciones sexuales baja o peor aún desaparece, es necesario pedir

ayuda. Es verdad que la convivencia y el día a día puedan generar que ya no resulte tan excitante ver el cuerpo desnudo del amante. Sin embargo, **es importante trabajar en el área del erotismo y la sensualidad para despertar ese fuego intenso e interesante de la seducción.** Vivir plenamente la sexualidad, más que una necesidad, es un deber y experimentarlo en pareja es otro de los ingredientes clave de la receta.

El mito de que con el tiempo las relaciones de pareja dejan de tener sexo es una terrible forma de alienar el comportamiento y hacer que las personas se resignen a tener una vida sin erotismo y sexualidad, porque piensan que es normal. ¡Pues no lo es! **La intimidad en la pareja es importantísima porque es una extensión de la comunicación.** La sexualidad es un componente importante en la vida y hacer el espacio para tener encuentros con la pareja resultará en un termómetro de la relación.

Es increíble la cantidad de parejas que se conforman con tener uno que otro encuentro íntimo de vez en cuando. El goce del erotismo y la sensualidad son formas importantes para reafirmar la interacción entre los miembros de la pareja. Hay que tocarse, sentirse, reconocerse y explorarse. **Es muy**

importante disfrutar recibiendo caricias y dándolas, ese espacio íntimo es uno que hay que cuidar para que la relación se mantenga saludable.

7. *Amor:* claro que es importante, pero como verás, no es lo único que importa. En otras palabras, **el amor es necesario, pero no es suficiente**. Lo que es un hecho es que si las parejas trabajan en la construcción y el fortalecimiento de los pilares anteriormente mencionados, el amor permanecerá como motor, como gasolina, como medio y como consecuencia.

Cualquier falta a los otros pilares es un atentado contra el amor. Esa es la profundidad de formar pareja. Cada acción tendrá una consecuencia directa en el otro. Es una responsabilidad grande que implica ir revisando cada uno de los pilares, en ocasiones será necesario dar mantenimiento, redefinir y reajustar los pilares. **Lo que es fundamental es que las parejas no se esperen a que se caiga alguno porque en efecto dominó, comienzan a caer los otros.**

Cualquier carencia en un pilar no dejará el resto de la estructura intacta. Es como una reacción en cadena. Al fallar en uno, se daña la estructura y hay que trabajar en la reconstrucción de todos.

En este ciclo de edificación de la relación, **el amor es por un lado la fuente de donde emana la fuerza para elegir a la pareja cada día y, por otro, el recipiente en el que se deposita la energía y el poder de sentirse amado.**

Trabajar en el fortalecimiento de los pilares es imprescindible y al mismo tiempo, lo es trabajar en el desarrollo de...

LAS 3 HABILIDADES BÁSICAS

Formar pareja requiere de trabajo, esfuerzo y desarrollo de habilidades. Entre las capacidades a desarrollar por cada miembro, nos centraremos en tres muy concretas:

1. Entender desde el corazón
2. Darle al otro lo que realmente necesita
3. Reconectarse y estar en presencia

1. Entender desde el corazón

La habilidad para entender desde el corazón quiere decir **la facultad de callar al ego y de encontrar la buena intención detrás del comportamiento de la pareja**. Tomando en cuenta que una de las creencias básicas, que deben existir entre los miembros, es que no existe maldad en el otro. Si tu creencia actual es que sí hay malicia en tu pareja, mi recomendación es que termines con esa relación porque definitivamente es tóxico y autodestructivo estar con alguien que crees que puede hacerte daño.

Se trata de comprender al otro sin juzgar su comportamiento y sin cuestionarle. Es ir más allá de lo evidente y buscar las causas ocultas que provocan las conductas y, que a su vez, generan conflicto.

Es entender que **muchas veces detrás de un enojo, hay tristeza o hay miedo.** Es comprender que en esencia, los seres humanos nacemos sin maldad y recordar que todo lo demás son aprendizajes. Asumiendo que todo lo que se aprende puede ser **desaprendido** y mejorado.

Entender desde el corazón es uno de los mayores retos de desarrollo personal para los individuos de la pareja, sobre todo si con el comportamiento de uno, el otro ha quedado herido. Ahí es en donde se requiere de toda la inteligencia emocional. Es en donde la pareja se para en la brecha para decidir continuar y reconstruir o dejarlo todo.

Si se decide continuar es importante perdonar desde el corazón. El poder del perdón puede sanar cualquier herida. **La típica alternativa de *"Perdono, pero no olvido"* no resuelve los problemas, sino**

que los mantiene vivos y en el tiempo irremediablemente regresarán con más fuerza. Perdonar y no olvidar es equivalente a poner un tapete lindo cubriendo un hoyo, por más que queramos evitarlo tarde o temprano caeremos en él.

Si después de una herida alguno de los miembros no puede perdonar, lo mejor es separarse, porque entonces no hay un entendimiento desde el corazón y sin eso es muy difícil continuar. Cuando no hay perdón, el dolor se va haciendo más y más presente, las cicatrices del cuerpo emocional herido se abren de nuevo y lastiman, a la larga esto rompe a los individuos y terminará por separarlos definitivamente.

2. Darle al otro lo que necesita

Ésta es la habilidad para darle al otro lo que realmente necesita. **En el momento en el que entendemos desde el corazón las necesidades del otro es mucho más sencillo complacerle.** Recordemos que para que esta habilidad sea poderosa y útil, ambos miembros de la pareja necesitan estar en el mismo nivel de compromiso. De lo contrario las personas entran en un círculo vicioso de complacencia que en lugar de expandirlos como individuos, los contrae y los drena energéticamente.

¿Qué ocurre cuando el otro se ocupa en cubrir tus necesidades y tú te ocupas en cubrir las suyas, y al mismo tiempo ninguno de los dos se olvida de sí mismo?

La respuesta es **la magia del amor.**

Ocurre la maravilla, al encontrarse dos personas que eligen una y otra vez darle al otro lo que necesita sin olvidarse de sus propias necesidades. Ahí es cuando los cuerpos heridos se trasladan al proceso de sanación en donde dar al otro no es un riesgo, sino un regalo. Ahí es en donde los individuos pueden experimentar el verdadero amor. En donde el secreto es dar porque ya se está completo y se entra en una inercia que construye y expande.

Esto provoca una cadena de eventos en los que la conexión entre ambas personas se vuelve profunda y funcional, lo que les permite desarrollar la habilidad de reconectarse y estar en presencia. Esto es natural entre dos personas. De hecho, si no tuvieran esta habilidad sería muy complicado comenzar con un noviazgo.

Ocurre la maravilla de dos personas que eligen una y otra vez darle al otro lo que necesita sin olvidarse de sus propias necesidades [...] donde el secreto es dar, porque ya se está completo.

En las primeras etapas de la relación, ambos miembros de la pareja desean conectarse con el otro y para hacerlo agudizan cada uno de sus sentidos. En las primeras citas, cada individuo se encuentra totalmente presente. Es el momento en el que no quieren dejar pasar ningún detalle, ya que por instinto, saben que recordar los detalles puede ser la llave que permita continuar en esa relación.

El riesgo es que conforme pasa el tiempo, los miembros de la pareja dejan de estar en completa presencia y entran en estado de presencia parcial, en donde su cuerpo está presente, pero sus sentidos se encuentran distraídos, su mente ausente y su pensamiento en cualquier otro lado.

Haz una pausa y ponte a pensar que el tiempo no vuelve. No hay más tiempo que vida, más bien cada día que pasa, se te está acabando el tiempo. Haz una declaración personal y decídete a transformar tu relación de pareja AHORA.

Contesta las siguientes preguntas:

¿Hace cuánto tiempo no estás presente con tu pareja?

¿Cuándo fue la última vez que prestaste atención a los detalles?

¿Cuándo fue la última vez que miraste a los ojos a tu pareja detenidamente y encontraste la belleza que hay en su interior?

¿Cuándo fue la última vez que acariciaste a tu pareja con la intención de hacerle vibrar?

¿Cuándo fue la última vez que intercambiaron miradas y permanecieron en silencio, mirándose y sintiéndose?

¿Cuánto tiempo más vas a esperar para darle un giro a tu vida en pareja y construir una relación profunda?

No sigas leyendo. Piénsalo y recuerda que estás a una decisión de poder transformar tu vida.

3. Reconectarse y estar en presencia

Vivir en la casa con alguien con quien no estamos presentes no equivale a formar pareja, sino sencillamente a tenerla. Tener pareja es la cosa más fácil y aburrida que existe, hacer pareja es una experiencia divertida, dinámica y excitante, que implica retos, creatividad y sobre todo, mucha presencia.

Te propongo el siguiente ritual para entrar en presencia con tu pareja y reiniciar el proceso de reconexión.

Materiales que necesitarán:

- Velas aromáticas
- Música instrumental
- Ambiente tranquilo y silencioso sin distractores

Preparación y ritual:

Atenuar la luz, encender las velas, activar la música y apagar distractores (desconéctate del celular para conectarte con tu pareja).

1. Pararse uno frente al otro lo suficientemente cerca como para poderse tocar. Mirarse fijamente a los ojos. Es natural que si no han estado en presencia desde hace tiempo, les dé risa el mirarse fijamente. Ríanse todo lo que necesiten, pero no hablen. Busquen mantener la mirada en los ojos del otro.

2. Una vez que se sientan cómodos y relajados mirando al otro, se trata de comenzar a imitar la respiración. Inhalen y exhalen profundamente al unísono y mantengan la mirada. Recuerden no hablar.

3. Cuando su respiración esté acorde y se sientan relajados, toquen con su mano derecha el pecho de la otra persona a la altura del corazón. Permanezcan mirándose y respirando al mismo tiempo. Permanezcan así al menos dos minutos. Agudizando los sentidos y sintiendo la mirada, la respiración y la energía del otro. No sólo lo miren, sino que busquen entrar en el otro. Vean más allá de los ojos. Busquen la belleza del interior del otro.

4. Cuando terminen, dense un abrazo profundo y sientan el cuerpo del otro, manteniendo el mismo

ritmo en la respiración. En este punto ya pueden hablar.

5. Sepárense y tomados de las manos y mirándose a los ojos agradézcanse por ese momento de presencia.

–El ritual ha terminado–

Conocí a una pareja excepcional. En la entrada de su habitación había un letrero que decía: "**Regálate cinco minutos hoy, para generar una relación EXTRAordinaria".**

Mi recomendación es que hagas este ritual constantemente. Resulta una experiencia gratificante y reconfortante, y **estar conectado con la persona que elegimos como pareja, activa los centros de recompensa en el cerebro**. El amor es una fuente de poder ilimitada. Dar amor y presencia, y recibir amor y presencia es un círculo virtuoso al que la humanidad debería volverse adicta.

Pon creatividad para hacer rituales en los que puedas sentir amor y presencia con tu pareja. Recuerda que lo que están diseñando es su nuevo modelo de amor y solamente ustedes pueden saber cuáles son los mejores elementos que los hacen sentir conectados. **Hagan rituales que los reconecten al menos una vez cada mes.**

La creencia de que "Si es amor no debería haber discusiones", como ya lo vimos, es falsa y genera mucho malestar. En realidad es que es natural que las personas no estemos de acuerdo siempre y por eso es muy importante tener claridad en establecer los **no negociables:**

Una de las características más evidentes de la fase del enamoramiento es que las personas ceden en casi todo, hacen cosas que regularmente no harían buscando complacer a alguien que todavía no conocen lo suficiente, y en esa fase ese comportamiento causa gran emoción. La complicación viene cuando al cabo de unos meses, las personas dejan de ceder. Vienen frases tales como: "Así no eras antes" o "Antes eso no era importante para ti".

Lo que sorprende es que cada vez que le pregunto a las personas cuáles son sus **no negociables,** la respuesta suele ser: *"Yo no pido mucho, de verdad es lo básico"*. La confusión radica en que lo que una persona considera básico, obvio o evidente, puede no serlo tanto para alguien más.

Define cuáles son los aspectos *no negociables* en tu vida, cuáles son las cosas en las que no estás dispuesto a ceder, porque eso servirá de mapa de ruta para definir si la relación en la que estás te acerca o te separa de tus sueños.

Ejemplo: si tú quieres tener hijos y es un **no negociable** y comienzas una relación con alguien que no quiere hijos, necesitas darte cuenta de que esa relación no tiene futuro.

Cada persona aprende, debido a su propia experiencia, un modelo de amor. De acuerdo con lo que vivimos cuando somos pequeños, vamos adquiriendo un código, una fórmula que parece correcta y aunque no siempre es la adecuada, al menos es la conocida.

He visto una y otra vez cómo ese primer amor que generalmente se recibe de papá y mamá es el modelo que las personas replican a lo largo de su vida.

Me encuentro con muchas personas que dicen cosas como:

- *A mí no me gusta abrazar porque mis papás nunca me abrazaban.*
- *Yo soy muy frío porque mis padres eran así conmigo.*
- *No sé cómo expresar amor porque en mi casa no se usaba.*

- *Yo no soy detallista porque mis papás no eran así entre ellos.*
- *Cuando me enojo con mi pareja, me exalto porque eso hacía mi papá.*
- *Cuando me siento frustrado en una discusión, me voy porque eso pasaba en casa.*
- *Yo no celebro fechas importantes porque en mi casa no era una tradición hacerlo.*
- *A mí me encanta que me den flores porque mi papá lo hacía constantemente.*
- *Me fascina que me abracen porque así solíamos hacerlo en casa.*
- *A mí no me gusta gritar.*
- *Esa no es la forma en que aprendí a resolver los problemas.*
- *En mi casa no se solucionaban las cosas a gritos.*

Y la lista puede continuar al infinito. Éstas son tan sólo una muestra de la influencia que tienen las experiencias de la infancia en las personas para que diseñen su propio modelo de amor. **Lo que ocurre es que para generar relaciones profundas y funcionales es necesario que las personas encuentren un nuevo modelo de amor**. Uno que se adapte, y parta del respeto, que esté diseñado para reinventarse con el tiempo. Un modelo más versátil y creativo.

Para diseñar este modelo, comienza con la siguiente pregunta:

¿Qué necesito que haga mi pareja para que yo me sienta amada o amado?

El ejercicio es que describas lo más específico que te sea posible cómo te gusta que te amen. Apóyate en las siguientes ideas si es necesario.

Cuando mi pareja me dice

yo siento

Cuando mi pareja hace

yo siento

Recuerda ser específico. Si lo que comienzas a notar es que escribes algo como: Cuando me dice *cosas bonitas* yo me siento bien. Recuerda que *cosas bonitas* sigue siendo muy ambiguo. **Trabaja más.**

Por ejemplo:

Yo me siento amado/a

- Cuando me dice que me ama
- Cuando me dice que le gusto
- Cuando me dice que le atraigo
- Cuando me dice que soy atractivo/a
- Cuando me dice que luzco bien

Yo siento certeza

- Cuando se interesa en mis proyectos
- Cuando me apoya en mis decisiones
- Cuando me respalda
- Cuando me pregunta cómo estoy
- Cuando me pregunta cómo me siento

Yo no me siento amado/a

- Cuando ______________________________
- Cuando ______________________________
- Cuando ______________________________
- Cuando ______________________________
- Cuando ______________________________

Trabaja en definir cómo te gusta que te amen. Deja de pensar que estar contigo es muy fácil porque pides cosas básicas, porque lo que ocurre es que la mayoría de las personas piensan lo mismo.

Recuerda que cada cabeza es un mundo y cada modelo de amor es único. Es importante que descifres tu propio modelo para que puedas compartirlo con tu pareja. Este ejercicio sirve para que le des pistas claras de las cosas que te gustan y de tus estándares para el amor.

Por otro lado, al trabajar en esto, también es importante que encuentres lo que NO quieres. Define tus límites. Para cada persona esto también es diferente. Ejemplos de **no negociables:** infidelidad (en este caso, depende del acuerdo de cada pareja, por ejemplo, en una relación abierta no aplicaría), violencia, agresión, críticas, insultos, golpes.

Recuerda nuevamente ser específico. Agresión puede significar cualquier conducta hostil. ¿Específicamente, qué significa para ti un acto agresivo? Agresión puede significar que te ignore. Que grite cuando están discutiendo. Que azote cosas o aviente puertas. Que sea hostil con tus familiares o amigos. Necesitas ser específico y recordar que los modelos son particulares. No es útil dar nada por sentado, pensando que es obvio o normal. **Para entrar al juego del amor es fundamental tener las reglas claras.**

¿Cuáles son tus no negociables?

-
-
-
-
-
-
-
-
-
-
-

A lo mejor has escuchado el argumento de que todas las personas son infieles. Yo quiero decirte que eso es FALSO. Si bien es cierto que todas las personas biológicamente estamos predispuestas a la poligamia, **la fidelidad es una decisión que puede ser asumida.** Lo que promueve la infidelidad no es el instinto biológico sino la doble moral. Por un lado las personas quieren tener una relación monógama porque es lo socialmente aceptado, pero por otro justifican sus infidelidades porque es la naturaleza.

Si el acuerdo que haces con tu pareja es el de tener una relación monógama entonces respeta el acuerdo. Si para ti es una alternativa abrir la relación entonces háblalo con tu pareja y hagan un acuerdo que funcione para ustedes. Recuerda que solamente tú y tu pareja pueden decidir lo que funciona para ustedes, el peor error es tratar de limitar la expresión de la relación a lo que está permitido socialmente. Hablen mucho y decidan cuáles son sus negociables y sus no negociables, construyan una relación con sus propias reglas.

PUNTOS DE ENCUENTRO

Como ya has visto hasta ahora, **cada pareja tiene dinámicas distintas.** Es muy importante que junto con tu pareja definan qué tipo de relación esperas tener. **No des nada por sentado y recuerda que la otra persona tiene su propio modelo de amor.** Insisto tanto en recordar que todos tenemos nuestro propio modelo de amor y, para construir en pareja, es necesario trabajar juntos en un nuevo modelo porque esto es vital para construir en pareja.

En las intervenciones con parejas encontré que existen diferentes puntos de encuentro. Esto quiere decir que cada persona tiene una expectativa con respecto al espacio, tiempo e interacción que va a tener con su pareja, si no coinciden con la otra persona es un factor que genera muchas dificultades.

Te propongo considerar los siguientes esquemas:

1. Sin encuentro
2. Concentrismo
3. Roce de encuentro
4. Área de encuentro: *Un nuevo modelo de amor*

1. Sin encuentro

En este esquema las personas tienen una interacción muy limitada. Puede ser que cohabiten en el mismo espacio, pero **prácticamente cada uno de**

los individuos lleva su vida sin conectarse con el otro. En este tipo de relaciones, la intimidad no existe y suelen convertirse prácticamente en compañeros de casa.

Es probable que en esta dinámica existan muchos acuerdos tácitos entre los individuos, mismos que se constituyen como la base sobre la cual mantienen su relación.

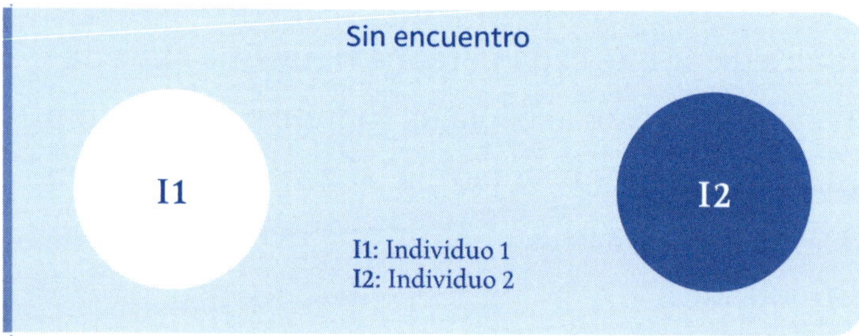

CASO 92: CASO PINGÜINO

Bruno y Norma han estado casados por treinta y siete años. Tienen dos hijos adultos e independientes que han hecho su propia vida. Bruno y Norma comparten casa. Llevan años sin tener intimidad. Se acompañan. Son dos personas adultas que eligen pasar sus días acompañados de la persona a la que un día juraron amor eterno. Su interacción es de lo más básica. Desayunan juntos. Cada uno sale a su trabajo. Vuelven por las tardes. Si los tiempos coinciden, cenan juntos, pero regularmente Norma va a la cama muy temprano y Bruno se queda viendo tele en la sala.

Pasan juntos los eventos familiares como cumpleaños, navidades y bodas. Son aliados cuando hay que apoyar o reprender a los hijos. Se llevan bien y hay días en los que no se toleran. Pero ese es su acuerdo. Acompañarse a pesar de todo y permanecer juntos hasta el último día de sus vidas. Ella es mujer de un solo hombre y él es hombre de una sola mujer.

2. Concentrismo

En este esquema, **las personas pierden su individualidad. Todo lo hacen juntos.** Se mimetizan por completo y dejan de entender su propia vida sin la presencia del otro. Cuando alguno de los miembros de la pareja necesita distanciarse por alguna razón, bastarán un par de horas para inquietarles y hacerles sentir incómodos.

Considero que este tipo de relación es la más riesgosa. Ya que en caso de ruptura o separación, las personas quedan con la sensación de estar completamente vacías. Con la falsa creencia de haber quedado incompletos por la partida del otro y con la desesperanza de tener que seguir su vida sin la otra persona.

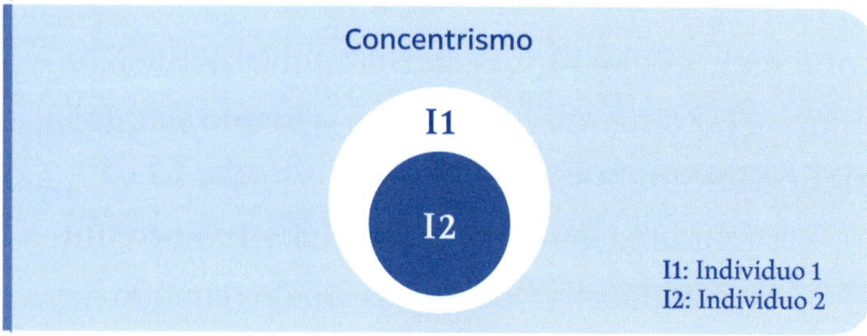

CASO 71: CHICLES

María y Ana llevan quince años juntas. Para las dos es el segundo matrimonio. Tienen una empresa y trabajan juntas, van a las reuniones juntas, diseñan los proyectos juntas, generan la cotización juntas, salen a comer juntas, regresan a casa juntas, duermen juntas, van juntas al gimnasio. Cuando María sale a ver a su familia, Ana se inquieta. Si pasan más de tres horas y ella no se ha comunicado, entonces sienten angustia. Cuando María ve que otra mujer está hablando con Ana de inmediato se impacienta. No le gusta la forma en la que otras mujeres la miran. Para ambas el modelo funciona. Reportan estar contentas con la forma en la que llevan su relación y dicen que no quieren cambiar y están bien así.

3. Roce de encuentro

En este esquema **la pareja tiene interacción, pero no ha diseñado una conexión profunda. Es como mirar el juego desde las gradas.** En esta dinámica de relación, no hay acuerdos, no hay compromisos y no hay un objetivo común. Se trata de dos individuos que interactúan cuando su estructura individual lo permite.

En este modelo, las relaciones pueden ser meramente pasionales en donde dos personas obtienen lo que parece "la parte fácil de estar en pareja", es sólo compañía sin compromiso.

El riesgo es que puede ser una trampa en donde alguno de los dos miembros de la pareja comience a necesitar más espacio de interacción y la otra persona no esté dispuesta. Cabe mencionar que este tipo de relaciones pueden durar mucho tiempo. Es un esquema que puede funcionar si para los amantes, eso es suficiente en su modelo de amor.

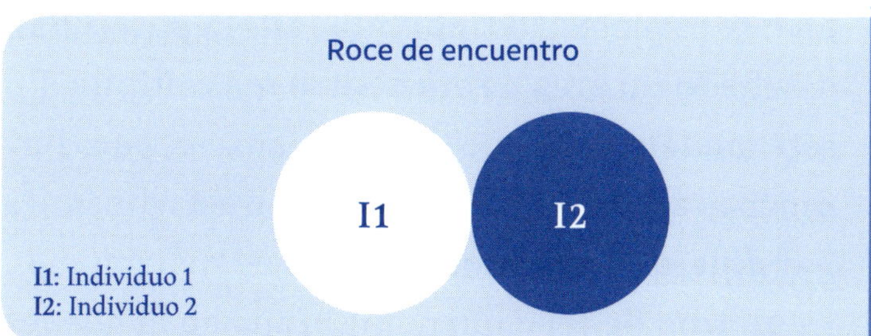

CASO 63: NÓMADA

Alejandra y Gustavo han estado juntos por diez meses. Gustavo viaja mucho por temas de trabajo y Alejandra lo espera. Él está en casa diez días al mes. Aprovecha para reunirse con Alejandra y pasarla bien. Cuando están juntos son prácticamente inseparables. Pero no hay compromiso. El trabajo de Gustavo no le permite establecerse de fijo en ningún sitio y por lo tanto, no puede pensar en otro tipo de relación. Al inicio todo funcionaba muy bien.

Alejandra obtenía de él exactamente lo que necesitaba. Con el paso del tiempo, la dinámica no funciona igual para Alejandra, ella cada vez desea pasar más tiempo con Gustavo, pero sabe que eso no es posible. La solución es que decidan si quieren permanecer en esa dinámica o si alguno de los dos está dispuesto a ceder.

4. Área de encuentro: *Un nuevo modelo del amor.*

En este esquema, **los individuos de la pareja han diseñado un área de encuentro más amplia. En este modelo cada uno tiene su espacio, pero hay muchas áreas de coincidencia.** En esta dinámica hay acuerdos, compromisos y objetivos comunes. Es un tipo de relación equilibrada en la que los amantes no pierden individualidad, pero disfrutan de conectarse.

Esta dinámica generalmente resulta en un equilibrio. Son relaciones en donde cada individuo ha aprendido a comunicar sus necesidades y a comprenderse desde el corazón.

No estoy hablando de una relación perfecta, pero sí de una relación profunda y funcional, en donde ambos miembros se comprometen con la relación como si esta fuera un tercer elemento que los une.

Área de encuentro. Creación de un nuevo modelo.

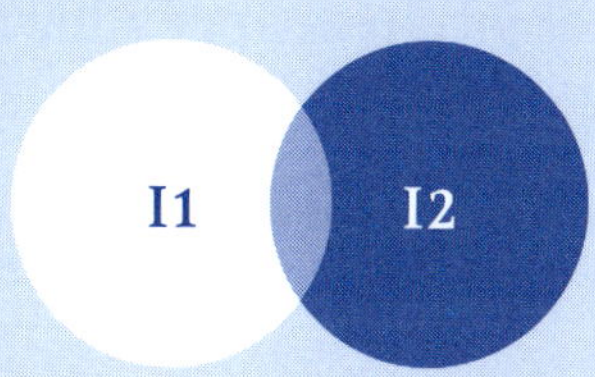

CASO: Esta historia...

Sofía y María son una pareja joven. Llevan algunos años viviendo juntas y adaptándose. Al inicio de su relación no estaban muy equilibradas porque todo lo hacían juntas. Al cabo de un tiempo decidieron que necesitaban trabajar con un *coach* para mejorar su relación y así lo hicieron.

Trabajamos fuertemente buscando generar acuerdos funcionales para cada una. Aprendieron a ceder desde el corazón y no desde el sacrificio. **Desarrollaron la habilidad para poder escucharse.**

Comprendieron que la relación es algo vivo que hay que cuidar todos los días. Se comprometieron a ser individuos, que forman pareja entendiendo que no se poseen. En ocasiones discuten y hay temas que se vuelven más ásperos, pero diseñan acuerdos. Hacen planes de acción para resolverlos y se ponen plazos. Si algo sigue sin funcionar durante dos meses, saben que hay que hacer un cambio y se esfuerzan para encontrar el equilibrio y la mejor ruta. Su objetivo es aprender a amarse mejor cada día.

Una vez que definan el plan en el que quieren poner su relación, entonces necesitarán:

GENERAR ACUERDOS ÚTILES

Entre las parejas existen acuerdos tácitos todo el tiempo en casi todas las áreas. Lo que ocurre con esos convenios es que con el tiempo se van haciendo viejos. Acuerdos que funcionaron al principio, no necesariamente marcharán durante toda la relación.

Entonces pregúntate:

¿Qué esquema quiero?

¿Qué proyecto quiere mi pareja?

¿Queremos un esquema similar?

En caso de ser negativo. ¿Alguno de los dos está dispuesto a ceder?

CASO 57: "UN POCO EXTRAÑO, PERO FUNCIONA"

Iván y Octavio llevan casados nueve años. Los conocí porque consideran que su relación se ha deteriorado en los últimos años y querían tomar algunas sesiones de coaching.

En una sesión con ellos, hablamos de los acuerdos y al hacerlo noté que Octavio no estaba muy cómodo con la idea. Le pregunté qué era lo que ocurría y él contestó: "Siento que si nos ponemos a hacer acuerdos, la relación va a hacerse muy acartonada, va a ser raro", a lo que dije: "Finalmente, o definen acuerdos o habrá discusión. Te propongo una relación que pueda ser un poco extraña, pero con convenios que sean funcionales, porque una relación normal sin acuerdos, sin duda seguirá deteriorándose". Ambos suspiraron y comenzó la sesión de negociaciones y acuerdos.

Uno de los aspectos interesantes es que las parejas generalmente discuten por el mismo tema, pero le ponen nombres diferentes. Se trata de buscar cuál es el problema de raíz. Cuando encontramos la raíz del problema o dicho de otro modo, la necesidad que no está siendo cubierta, entonces se puede dar una verdadera solución al problema.

CASO 149: REFRESCAR ACUERDOS

Sofía y Miguel llevan seis años de novios. Las peleas recurrentes son las siguientes:

- Que Miguel se va con sus amigos.
- Que él no pone atención en las cosas que son importantes para Sofía.
- Que Miguel siempre invita gente a las citas que tienen como pareja.
- Que él no lleva a Sofía a comer, pero que sí lleva a su amiga Rosa.

Todas esas peleas tienen exactamente el mismo hilo conductor, es la misma raíz. No hay un acuerdo con respecto a los tiempos de pareja. El problema real es que Miguel no le da a Sofía lo que ella necesita en términos de atención al tiempo de pareja. Sofía necesita tiempo de calidad y su necesidad es amor y conexión. En tanto no generen un nuevo acuerdo en donde Sofía cubra sus necesidades, entonces las peleas por el mismo tema serán cada vez más recurrentes.

Lo que hay que hacer es generar un acuerdo. Las parejas necesitan buscar cuál es la constante en sus peleas.

Busca cuál es la raíz de las peleas con tu pareja y una vez que la encuentres, comparte con tu pareja lo que sientes cuando se presenta un conflicto. No le exijas que cambie. Eso no funciona así. **Lo que se necesita es encontrar un espacio de armonía en el que ambas partes queden contentas.** Generar un acuerdo no es igual a sacrificarse para que el otro esté bien, sino que es un juego de 1+1 en donde ambos ganan algo. Se trata de otorgarle al otro lo que necesita sin necesidad de inmolarse. El justo medio.

El acuerdo que se genere debe funcionar para ambos, cada uno de los individuos debe sentirse satisfecho y tranquilo con la negociación porque de otra manera, el acuerdo no funcionará y los individuos regresarán a sus comportamientos anteriores. Algo que es desgastante es estar peleando con la misma persona por los mismos temas constantemente. Es importante detener ese círculo vicioso, poner atención en los detonadores reales y encontrar soluciones definitivas.

El trabajo es de ambos. Por un lado, prepararte para comunicar lo que necesitas y, por otro, prepárate para aprender hasta qué punto puedes darle al otro lo que necesita. En este tema, es importante recordar que el otro no tiene que darte

	SÍ	NO
¿Son celos?		
¿Falta de tiempo de calidad?		
¿Falta de atención?		
¿Falta de palabras de afirmación?		
¿Falta de contacto físico?		
¿Falta de expresiones de cariño?		
¿Falta de detalles?		
¿Mentiras?		
¿Desconfianza?		
¿Infidelidades?		
¿Otras categorías?		
¿Cuáles?		

lo que necesitas, puede elegirlo, puede desearlo, pero no es su obligación hacerlo. Precisamente por eso se determinan los **no negociables.** Si hay algo que sea muy difícil para ti y tu pareja no está dispuesta a cambiarlo, entonces define si el beneficio de estar con esa persona es mayor que el costo de vivir atormentado.

No todas las parejas se detienen a reflexionar acerca de su relación. De hecho, es sorprendente el número de veces que he escuchado la frase: "No sé en qué momento nos alejamos tanto". Las personas se acostumbran a todo y si la constante es pelear, entonces pensarán que es parte de su relación. Dejan pasar tanto tiempo que comienza la distancia, primero física y luego emocional. **Cuando existe distancia física, aún hay posibilidades de salvar la relación; cuando la distancia es emocional, la relación ya está agonizando.**

Para las parejas resulta primordial enfrentar las dificultades. **Comunicar las propias necesidades y comprender las necesidades del otro.** La estrategia de dejar de hablar de ciertas cosas, porque "siempre que hablamos de eso terminamos peleando", definitivamente no funciona.

Cada miembro de la pareja necesita trabajar desde su parte individual para comprender sus miedos, sus tristezas y sus enojos. Es mala estrategia esperar que sea el otro quien lo resuelva o quien se dé cuenta de que algo no va bien. **Cada individuo es responsable de entender de dónde**

vienen sus emociones, de conocer sus heridas y de trabajar en mejorar sus estrategias.

Si una conversación será áspera, entonces abran el espacio para eso y prepárense. No le tengan miedo al dolor, porque es parte de la vida. Pero lo que hay que entender es que muchas personas prefieren evitarlo y, por lo tanto, viven en sufrimiento perpetuo. Y ese sí es opcional. Así que, si hay un tema complicado o una conversación difícil, enfréntenlo. **Si es muy difícil hablarlo entonces busquen asesoría de un profesional que pueda ayudarles a llevar la conversación.**

Hay un pacto que las personas a veces no consideran como alternativa y ese es acordar terminar la relación. Hay ocasiones en donde los individuos no logran generar convenios funcionales y no consiguen ponerse de acuerdo, entonces surge **la alternativa de separarse temporal o definitivamente. Esta posibilidad es necesaria cuando se enciende alguno de los siguientes focos rojos.**

No tengas miedo de enfrentar una conversación difícil hoy que pueda darte paz durante muchos mañanas. Es mejor un dolor fuerte que muchos dolores pequeñitos.

FOCOS ROJOS

1. Hace meses que no tenemos sexo

El erotismo no es lo más importante, pero tampoco podemos quitarle el peso que tiene en las relaciones de pareja. *"Nos llevamos muy bien, pero ya no tenemos sexo"*, eso se llama amistad.

Pareja y erotismo hacen una buena combinación. **Cuando los miembros de la pareja dejan de tener sexo, irremediablemente habrá dolor y nostalgia por lo menos para alguno de los dos.**

Es increíble que el sexo siga siendo un tema del que las parejas no hablan y en el que no comunican sus verdaderos deseos y necesidades. ¿Cuánto sexo es suficiente para saber que las cosas van bien? No hay una medida estándar. Mientras sea suficiente para los dos y ambos se encuentren cómodos con su vida sexual, entonces esa es la medida justa. Pero si para alguno de los dos es un problema en cualquier sentido, entonces es importante que busquen ayuda profesional. Recuerda que, **si para alguno de los dos es doloroso, entonces esta distancia física a la larga puede traducirse en distancia emocional.**

No normalices la falta de intimidad en tu vida de pareja. **No te acostumbres a no sentir deseo sexual**

ni a dejar de sentir que te desean. No es normal, es falta de polaridad y la chispa puede volver a encenderse si trabajan en ello. ¡Que no te dé pena decirle a tu pareja que quieres sexo! Si no pueden hablar de eso entre ustedes, entonces SÍ hay un problema.

2. Llevamos días sin hablarnos

El silencio es violencia. No es natural vivir con alguien y no hablarle. Tampoco lo es dejar pasar días, antes de aclarar una situación que causó incomodidad. Coincido en que hay momentos en los que es buena idea hacer espacio y reflexionar. Pero **si han pasado días viviendo en ley del hielo, en serio algo está mal.**

Si la sensación es que ya no pueden hablar o entenderse, entonces busquen ayuda profesional. **Tener pareja y no hablarle es como sentarse frente al televisor y no encenderlo**, o comprar un libro y no leerlo.

Recuerda que **uno de los pilares es la comunicación y no hablar es una bomba de tiempo que impactará de manera negativa en los otros pilares.** Si no hablan se acaba la negociación, pierde fuerza la voluntad, se atenta contra la admiración, se acaba la intimidad, se pierde el respeto y se transforma el amor.

Si estás en una relación en la que la otra persona "te castiga" sin hablarte tienes que saber que estás en una relación violenta. El silencio es una conducta pasivo-agresiva que demuestra falta de madurez emocional. No te esperes a que "te levanten el castigo", y después sigas como si nada esperando que esa estrategia cambie. Te recomiendo que busquen ayuda y transformen esa estrategia en una que pueda ser más funcional para resolver sus diferencias.

3. Sospecho que tiene otra relación, pero no quiero enfrentarle

Claro, porque es mejor idea que se quede así, a medias, a perder completamente a esa persona. ¡Vaya forma más dependiente y limitante de pensar y que grandísima falta de amor propio!

Si sospechas que está en una relación con alguien más, pregúntale. Si descubres que es verdad, definan si pueden resolverlo. Si no lo es, pueden seguir adelante. De cualquier forma, **determinen las bases de lo que para ustedes significa infidelidad y si se encuentra entre su lista de no negociables.**

Nada es tan angustiante como estar paralizados ante una situación que es incómoda. Sinceramente, si el otro se ha encontrado con alguien más, el hecho de no preguntarle no hará que esa situación desaparezca. Entiendo que es doloroso, pero no es posible retener a alguien que ya no quiere estar contigo. Por amor propio es mejor dejarle ir.

Dicen que no hay peor ciego que el que no quiere ver, pero es peor el ciego que ya vio y decide volver a cerrar los ojos y también cierra la boca. **No te resignes a estar con alguien que ha roto un acuerdo importante para ti. Enfréntalo con dignidad y pon de escudo tu amor propio.**

4. Descubrí que me mintió, pero no quiero enfrentar

Otro caso de falta de amor propio. Quedarse callados ante algo que no resulta agradable, no solucionará las cosas. Únicamente abre la posibilidad para que esos eventos vuelvan a presentarse. **Recuerda que cada una de las personas aprende a tratarte como tú le enseñes.** Por eso, cuando algo no te guste, es mejor resolverlo. Entrarle al toro por los cuernos. Hacer como que las cosas no pasan no provoca que lo incómodo desaparezca. En muchas ocasiones lo que genera es que cobre más fuerza.

Además, el peor enemigo se encuentra en las propias ideas y conjeturas, un sólo gramo de

duda pesa más que toneladas de amor. Las suposiciones son un tormento. Enfrenten la dificultad, resuélvanlo o sepárense, pero no te quedes con alguien en quien no confías, porque a la larga, de todas maneras esa relación acabará rompiéndote y rompiéndose.

5. Tengo otra relación, pero no quiero hablar de ello

Esto es cruel para todos los implicados. Entiendo que la idea detrás de esto puede ser que no quieres lastimar a nadie, pero **si no quieres hacer daño, entonces lo mejor que puedes hacer es decidirte.** No se puede tapar el sol con un dedo. La vida siempre se equilibra y las cosas tarde o temprano salen a la luz. Mantener dos relaciones al mismo tiempo es demasiado trabajo y el costo emocional es muy elevado.

Cada decisión que tomes, impactará positiva o negativamente en la relación. Ámate de verdad y libérate. **Vivir en angustia o en culpa no es amar a nadie, sino que es un comportamiento destructivo en muchos niveles.**

Si tenías una relación y encontraste otra, entonces considera quedarte con la segunda o con ninguna. Si la relación base en verdad hubiera tenido los cimientos bien puestos, entonces no hubieras buscado la segunda. Si en la segunda no construyes porque no sueltas la primera, entonces todas esas historias entrelazadas están destinadas al fracaso.

6. Hay celos

Celo, s. Cierto desorden nervioso que afecta a los jóvenes e inexpertos. Pasión que precede a una prosternación.

Celoso, adj. Indebidamente preocupado por conservar lo que sólo se puede perder cuando no vale la pena conservarlo.[10]

Los celos son solamente el **reflejo de otras emociones tóxicas** que están viviendo dentro de una persona. Por un lado el miedo de no ser suficiente y por otro lado el apego.

A este punto ya sabes que todos en algún punto podemos experimentar la sensación de no ser suficiente y esto se puede ver maximizado cuando estamos en pareja. El antídoto a esto es asumir que siempre habrá alguien mejor que tú y no es necesario competir. **El ejercicio es trabajar en tu confianza y en tu amor propio.** No importa si como

10 Ambrose Bierce, *El diccionario del diablo*, Madrid: Debolsillo, 2012.

pareja tienes al ser humano más fiel, si tú no confías en ti y no crees en ti, entonces nunca va a funcionar.

Por otro lado está el apego, que es un tema para escribir un libro completo, pero en pocas palabras, **el apego es la sensación de necesitar de algo o de alguien para estar bien.** Tengo que recordarte esto: nadie es tuyo. Repite conmigo: nadie es mío. No importa cuánto ames a alguien no deberías apegarte. La vida es así, nada es permanente y nada es para siempre, tampoco las personas en nuestra vida. Imagina cómo sería tu vida si las personas que amas no estuvieran, entrénate en ese ejercicio, no se trata de ser pesimistas sino realistas. Se trata de comprender que si el otro se va, tú vas a sobrevivir a su partida.

Ahora bien, el punto clave es que si la otra persona quiere irse, tienes que dejar que se vaya, ¿para qué quieres tener junto a ti a una persona que no quiere estar contigo? Cuando alguien actúe como que no lo importas, créele a la primera. No permitas que los celos te enfermen, ni te descompongan. No es buena idea revisar su teléfono, ni sus redes, es mejor hablar de lo que sientes y trabajarlo.

Para curar los celos, no hay que trabajar en dejar de ser celoso, lo que hay que hacer es multiplicar el amor propio y afianzar la autoconfianza.

7. Me gustaría casarme, pero me da miedo que no quiera y me deje, o me gustaría tener un hijo, pero no quiero que se enoje por eso

Si una relación termina porque los miembros de la pareja quieren cosas diferentes para su vida, entonces eso es una buena noticia. Porque en lugar de que dos personas se limiten en las posibilidades de encontrar felicidad, están abriendo la puerta a conocer a una persona que tenga sueños y expectativas de vida similares.

No intercambies tu felicidad por la falsa ilusión de un amor de pareja. Recuerda que el más importante amor es el que viene de adentro y finalmente, si lo que hay dentro de ti no encaja con la realidad que vives, entonces no serás feliz. Habla de los temas importantes para ti.

Recuerda que es mejor una conversación difícil hoy, a vivir el resto de tu vida sin tener lo que realmente deseas. Un sacrificio hoy a cambio de las recompensas que traerá el mañana, aprender a intercambiar el placer inmediato por el placer en el largo plazo.

8. Violencia verbal

La violencia verbal es una de las formas más sutiles de entrar en una espiral de decadencia para las parejas. **Pongan límites. Las críticas, ofensas o burlas hacia ti o hacia tu físico son muestras de violencia verbal.**

Si el otro te degrada o subestima con sus palabras, ponle un alto. En nombre del amor se han cometido los mayores actos de violencia. **Si te ama, no hará nada que pueda hacerte sentir vergüenza, si te dice que es difícil amarte, toma tus cosas y vete, ese amor violento no es para ti.**

> **En nombre del amor se han cometido los mayores actos de violencia.**

9. Violencia emocional

Las marcas que deja la violencia emocional suelen ser más profundas que las de la violencia física. Las personas necesitan tener activo el filtro de lo que es válido en su relación y lo que no lo es. **Si la otra persona tiene comportamientos que te hagan sentir degradado o que se contrapongan a tus valores personales, ten cuidado.** Esas son relaciones altamente tóxicas y dañinas. Nadie que te ama realmente va a degradarte. Si sospechas que estás en una relación en la que existe violencia emocional, busca ayuda.

Si te dice que no eres suficiente, si te amenaza con dejarte, si controla cómo te vistes, si te acosa con celos y control, si trata de alejarte de tus amigos y/o familia, si te grita y luego actúa como si no hubiera pasado nada, si se burla de ti y de lo que sientes, pon atención porque estás en una relación violenta.

No te acostumbres a que te traten de una manera que no te gusta. **No normalices conductas tóxicas en nombre del amor y sobre todas las cosas no justifiques estos comportamientos.** Aprende esto: si te hace sentir que es difícil amarte entonces ahí no es. Tú te mereces un amor bonito.

10. Violencia física

La primera vez que las personas se encuentran en una pelea con su pareja que se vuelve física, quedan completamente desconcertadas. Es como si no supieran exactamente qué fue lo que ocurrió.

Generalmente, **el comportamiento siguiente es justificar las razones por las cuales se llegó a ese nivel.** Lo que es un hecho es que ninguna persona llega un día y te golpea. Para que las peleas se vuelvan físicas, es porque los niveles de violencia verbal ya han sido rebasados más de una vez y ya no es suficiente con gritar.

Si ha habido peleas que se han vuelto físicas, busquen ayuda de inmediato. No esperen a que vuelva a ocurrir y no se queden con la promesa de que no volverá a pasar. **La violencia física es la punta del iceberg de una relación en donde alguno de los individuos (o ambos) tienen heridas que no han sanado.**

Bajo ninguna circunstancia normalices el comportamiento agresivo. Cuídate y recuerda que **siempre debes poner en primer lugar tu amor propio y tu dignidad**, si por alguna razón el otro atenta contra eso entonces pon pausa y reconsidera, pero por tu bien, no te acostumbres.

Atención a mujeres en situación de violencia
mediante la Línea 01800 10 84 053
O en la página: https://www.semillas.org.mx
O llama al 911 en caso de emergencia.

En pocas palabras:

1. El amor es un ingrediente muy importante pero no es el único. Trabaja en desarrollar los 7 pilares y recuerda que si uno de ellos se debilita toda la estructura entra en riesgo.

2. Si quieres que tu relación funcione es necesario que desarrolles nuevas habilidades y que todos los días trabajes en ser tu mejor versión, primero para ti y luego para tu pareja.

3. Define cuáles son las cosas en tu vida que no estás dispuesto a negociar.

4. Recuerda que no todos pensamos igual. Piensa cómo quieres que sea tu relación y tu interacción con tu pareja.

5. Habla, habla, habla, escucha, escucha, escucha y hagan acuerdos.

6. Nunca normalices algo que te hace sentir mal. Si sospechas que algo está mal, entonces SEGURAMENTE ESTÁ MAL, confía en ti.

7. Ámate mucho y sé EXTRAordinario.

¡ANTES DE CONTINUAR HAZ UN CHEQUEO!

1. ¿Cuál de los pilares es el que se encuentra debilitado en mi relación? Si no estás en pareja: ¿cuál de los pilares se debilitó en tu última relación?

2. ¿Cuáles son tus no negociables?

3. ¿Cuáles son los temas de los que nunca hablas, pero que sabes que son importantes?

4. ¿Qué puedes comenzar a hacer hoy para mejorar ese pilar?

5. ¿Qué tipo de interacción deseas tener con tu pareja?

6. Pon en orden tus ideas acerca de ese tema. ¿Cómo te sientes al respecto? ¿Qué quieres que ocurra? ¿Qué es lo que esperas? ¿Qué te gustaría que hiciera tu pareja?

FECHA: / /

¡Eres EXTRAordinario!

Quinta parte

BONUS

EL AMOR EN TIEMPOS MODERNOS

La actualidad impone nuevos retos para las relaciones de pareja. Las redes sociales, los correos y las palomitas azules en el whatsapp generan dificultades que antes no existían. En este bonus te comparto **tres estrategias que pueden ser muy útiles para el amor en estos tiempos modernos.**

1. Definan su relación virtual

Aunque para muchos esto pueda parecer ridículo cada vez es más importante definir las dinámicas que tendrán en las redes. ¿Van a publicar acerca de su relación? ¿Es importante para alguno de los dos dar "me gusta" y "compartir" en las publicaciones? ¿Está bien para ustedes seguir en contacto con otras personas aunque sea de manera virtual? ¿Van a tener aplicaciones para conocer personas? ¿Para ustedes es importante definir qué es infidelidad virtual?

Ninguna de estas cosas existía antes y no podemos dar por sentado que para todos significa lo mismo. Cada cabeza es un mundo, cada persona tiene su propio modelo de amor y cada uno define la importancia que las redes sociales tienen en su vida y en su relación.

Lo que quiero decirte es que cada vez es más común que surjan problemas y malentendidos por la falta de acuerdos con respecto a la dinámica de las parejas en el mundo virtual.

2. No compartan sus problemas en las redes

Las redes son un escaparate para cualquier tipo de información, pero lo que tienes que recordar es que cuando algo está en las redes entonces permanecerá para siempre en algún punto del espacio virtual.

No es necesario que publiques todo lo que pasa en tu relación, pero es mucho menos recomendable que cada vez que discutan cambies tu estatus y pongas publicaciones en donde expreses tu enojo, tristeza y decepción para que a los dos días publiques una foto feliz y en pleno romance con esa persona. Lo que menos necesitas para que tu relación funcione son testigos. No busques aprobación de tu relación en las redes, porque todo lo que pasa ahí es ficticio y está lleno de filtros.

Recuerda que las emociones son temporales, pero las publicaciones en redes perduran. **Maneja tus redes sociales con madurez y aprovéchalas para generar otro punto de encuentro con tu pareja**, en lugar de convertirlas en una nueva trinchera en la que invitas a miles de personas a juzgar tu historia.

La privacidad en la vida individual es un tesoro, **la privacidad en la vida en pareja es una necesidad.** Cuiden su espacio íntimo, hagan de su relación un santuario particular y de acceso exclusivo.

3. *No se peleen vía whatsapp*

No importa qué, por favor no pelees por whatsapp, ni por correo, ni por redes. Cuando escribimos un mensaje tenemos que tener en cuenta que la otra persona lo va a leer en el tono que le dicte la emoción del momento que no necesariamente es la misma que dictó la escritura. **Los tonos diferentes entre lo que se escribe y lo que se lee son el camino directo hacia el valle de los malentendidos.**

Yo sé que dan muchas ganas de ponerse a escribir todo lo que llevamos dentro cuando sentimos que algo no marcha bien, pero tienes que saber que es una estrategia terrible, que puede hacer que el problema se haga enorme y que todo se salga de control.

Mi recomendación es que si tienes la urgencia de escribir en ese momento, entonces te mandes un mensaje a ti mismo. Ya sé que suena raro, pero leer tu propio mensaje te dará la posibilidad de acomodar tus ideas y de calibrar tus emociones. **Antes de lanzar una ráfaga de furia vía whatsapp, autorregúlate, inhala, exhala, acomoda tus ideas y ESPERA a estar de frente con la otra persona para poder hablar.**

Recuerda que en una discusión con tu pareja no eres tú en contra de la otra persona, son ambos en contra el problema y créeme, es muy difícil mantener esa perspectiva cuando no escuchamos el tono del otro. Así que calma y cautela para resolver en lugar de tormenta de enojo que solamente hará que el malentendido se haga más grande y que se produzca mayor frustración.

4. Las aplicaciones para conocer personas son una buena alternativa sí y sólo sí no estás desesperado por encontrar pareja. **Cuando entras a esas aplicaciones y no has hecho trabajo personal para sanar tus heridas, cambiar tus creencias y fortalecer tu amor propio, entonces todas las experiencias van a llevarte al mismo lugar: frustración.** La regla es muy puntual: "no busques pareja, si tú no te has encontrado".

Si te sientes en un estado de desesperación por conocer a alguien, entonces estás en energía de escasez. Recuerda que vas a atraer a tu vida energías que resuenen con la tuya. **Créeme, dos personas con energía de escasez solamente pueden generar una relación tóxica, codependiente y destructiva**. Ahórrate la molestia y antes de saltar al mundo virtual a hacer tu perfil de ligue... ¡Trabaja en ti!

La tecnología hace parte de la vida, aprovéchala para nutrir tu relación y tu vida en lugar de usarla para destruirte. Si nunca recomiendo dar por sentado las conductas del otro en el mundo real, menos lo recomiendo en el mundo virtual.

En pocas palabras...

1. La modernidad trae consigo nuevos retos. Aprende a usar la tecnología a tu favor. No permitas que la posibilidad de estar conectado, te desconecte de las personas que amas.

2. No todas las personas tienen el mismo comportamiento en las redes, lo que para ti es normal, para tu pareja puede ser incómodo. Hablen de sus roles virtuales.

3. No uses aplicaciones para conocer personas si estás desesperado. No busques pareja si tú no te has encontrado.

4. Ámate mucho y sé EXTRAordinario.

Guía rápida

Estamos a punto de terminar, pero antes de dejarte ir, quiero que dediques un tiempo a contestar estas preguntas que van a ser muy útiles para que te observes y regreses aquí cuando necesites encontrarte. Recuerda que el lugar seguro es adentro de ti y que la forma de comenzar a reconectar contigo es a través de la reflexión.

Tómate el tiempo que necesites, observa lo que sientes mientras vas contestando y reflexiona. Todas las respuestas están dentro de ti, solamente necesitas apuntar al lugar correcto para poder encontrarlas.

1. ¿Qué te gusta de ti (físicamente, emocionalmente, mentalmente y espiritualmente)?

2. ¿Qué es algo que te gustaría mejorar o cambiar porque sabes que te aleja de tu mejor versión?

3. ¿Qué significado tiene para ti hacer pareja?

4. ¿Qué piensas de estar contigo y de reconciliarte con el concepto de soledad?

5. ¿Cuáles son las áreas de ti en las que tienes que trabajar para poder generar una relación funcional?

6. ¿Qué cosas específicas puedes comenzar a hacer hoy para mejorar en esas áreas?

7. ¿Qué haces para cubrir tus necesidades emocionales básicas de certeza, variedad, ser significativo y amor y conexión?

8. ¿Qué puedes hacer para ayudar a que tu pareja cubra sus emociones básicas de certeza, variedad, ser significativo, amor y conexión?

9. ¿Cuál es el pilar en el que tienes que enfocarte porque consideras que es el más débil?

10. ¿Cuáles son tus no negociables?

11. ¿Qué cosas estás dispuesto a hacer para cultivar y nutrir tu amor propio? (Al menos menciona cinco estrategias específicas)

LO QUE APRENDES DE TUS EX

En tu pasado es posible encontrar muchas piezas del rompecabezas que explica cómo eres hoy. Aunque el pasado no te determina, definitivamente sirve de referencia. Te propongo que dediques un tiempo a pensar en tus exparejas. Por un lado para que reflexiones acerca de posibles patrones, por otro para que veas qué puedes hacer para romper con esos patrones y finalmente para que te observes y reconozcas si en verdad has crecido, cambiado o si acaso sigues siendo la misma persona.

Si te duele pensar en tus exparejas es porque no has hecho procesos de duelo efectivos y si no sanas esas relaciones no habrá manera de generar buenas relaciones. Recuerda que no puedes construir algo sólido con materiales rotos. ¿Sigues roto?

1. ¿Hay cosas que se han repetido en tus relaciones?

2. ¿Cuáles fueron los pilares que fallaron en tus últimas dos relaciones?

3. ¿Por qué terminaron tus últimas dos relaciones?

4. ¿Cuáles fueron los mayores aprendizajes que obtuviste de tus exparejas?

5. ¿Cuáles consideras que fueron tus mayores errores en tus relaciones anteriores?

6. ¿En qué aspectos tienes que poner atención para no repetir los mismos errores?

7. ¿Hay algo con alguna expareja que sientes que no has superado? Si es así, ¿qué es?

8. ¿Qué puedes hacer hoy para superarlo?

MAPAS DE RUTA DIARIOS

Como has aprendido en estas páginas, **el amor es algo que se construye todos los días y para que una relación de pareja funcione es fundamental que tú hagas todos los días trabajo personal,** quiero que aprendas a trabajar con este *journal*, porque va a darte claridad para iniciar tus días. Es una fórmula que integré a mi vida hace un par de años después de conocer el trabajo de Mel Robbins. Este *journal* está inspirado en sus investigaciones y lo comparto contigo para que todos los días en la mañana sea lo primero que hagas y tengas siempre un mapa de ruta que te permita regresar a tu lugar seguro.

Si quieres descargar un formato para imprimir de este *journal* entra en www.karlalara.mx/tusmodelosdelamor

Últimos pensamientos

VOLVER AL ORIGEN

Creo que el tiempo de la lucha de géneros debe llegar a su fin. Es momento de reconocer nuestras diferencias y similitudes para encontrar la mejor forma de cooperación como especie. Ha llegado el momento en el que las mujeres necesitamos revalorar nuestro rol en la sociedad y los hombres necesitan encontrar el suyo.

El reto actual para las mujeres alfa es interesante. Por un lado, encontrar el equilibrio entre fuerza y feminidad. Por otro, encontrar el equilibrio entre vida profesional y vida personal.

Los retos para los individuos son distintos. Cada uno sin importar su género o su preferencia, necesita comprender la profundidad de las heridas en sus cuerpos emocionales y comenzar un proceso de trabajo personal.

No me cansaré de decir que es imposible dar algo que no se tiene.

Si una persona no tiene amor adentro entonces no podrá darlo. Siempre se quedará con la sensación de vacío.

La humanidad está destinada a perderse si no comprende que la única fuente real de felicidad viene del interior. No importa cuánto ganemos, cuánto compremos, cuánto ahorremos o cuánto consumamos. Al no entender que la fuente del poder, la fuente del amor y la fuente de la felicidad, es interna y surge de uno mismo, la humanidad quedará sumergida en sufrimiento.

Mientras el mito de la separación siga siendo el punto de partida para encontrar el amor, entonces la humanidad entera quedará sumida en una soledad angustiante. Hasta que las personas se den cuenta de que la única forma para liberarse de la soledad es encontrando el amor dentro de ellos mismos, seguirán buscando insaciablemente que alguien que viene de afuera con un concepto diferente, con experiencias diferentes, con una vida diferente y con un modelo de amor distinto, pueda llenarlas.

Se trata de volver al origen. Al punto básico de encuentro en el que todos estamos conectados con todos. En el que todo lo que hay, existe desde uno mismo y a partir de uno mismo. El origen. El espacio en el que no se trataba de competir y ganar, sino de cooperar. **La humanidad no hubiera logrado subsistir si nuestros ancestros no hubieran comprendido el poder de la colaboración.** En el origen, todos nacemos con habilidades de contribución y con necesidades de conexión.

Mujeres alfa y hombres modernos necesitan dejar de competir. Precisan dejar de buscar ser la fuerza que domina, para convertirse en la fuerza que se comparte. Ya hemos atravesado como humanidad ciclos en los que el hombre somete y no ha funcionado. Ciclos en los que la mujer domina y parece que no funcionará. Pero en el origen, se encuentra un punto en el que ambos cooperan desde sus habilidades naturales y entonces, se generan las posibilidades de subsistir como especie en un mundo que parece demasiado hostil.

Es increíble que la especie humana pudo subsistir a depredadores naturales y que actualmente, no sea capaz de enfrentar a un monstruo que *la misma especie* ha creado —el sistema económico—. La economía y el consumismo, el tener para ser, no puede convertirse ni permanecer como el centro de todo. El producto interno bruto no mide la felicidad, sino que promueve separarnos de nosotros mismos para alimentar un sistema lleno de corrupción que satisface los intereses de algunos.

Los seres humanos no estamos destinados a la soledad porque tal cosa no existe. **Cuando una persona encuentra su propia fuerza interior y se conecta con su propio centro, entonces no hay miedo de quedar solo.** Por lo tanto, los individuos se equilibran y encuentran que su modelo de amor puede ser compartido. Sin miedo, se abren al milagro y al poder del amor. No desde las heridas sino desde las ganas de dar. No a partir de la necesidad de recibir amor para sentirse suficientes, sino que sabiéndose capaces e ilimitados dan amor porque comprenden que al darlo se multiplica.

Pero para entender eso, hay que volver al origen. Al espacio en el que la quietud y el reposo no eran estigmas sociales, sino virtudes naturales. En la calma es más fácil reconocer el valor personal y liberarse de las cargas externas. **Es un espacio en el que el amor surge, pero no desde la melancolía, la nostalgia y el sufrimiento, sino**

desde la creación propia y el reconocimiento de uno mismo.

Comprendo que este libro deja abiertas preguntas y reconozco que hace falta tiempo antes de *volver al origen* pero lo que puedo decirte es que hay una ruta clara y directa para aprender a **ser feliz y darse cuenta.** Integra esta información y trabaja cada día para que en lugar de querer encontrar a la persona correcta, seas tú la persona correcta.

Para terminar:

A la mujer alfa

Busca congruencia y equilibrio. Recuerda tu esencia de mujer. Descubre y explora tu feminidad. No tengas miedo de entrar en contacto con tus emociones. En esa vulnerabilidad vas a encontrar fortaleza. No tengas temor de tu sensualidad, es un poder único de tu género. Disfrútalo.

Al hombre moderno

Busca conectarte con tu energía femenina y asume tu energía masculina. No encontrarás un arma más poderosa que tu presencia, con todos tus sentidos alerta y activos para resolver, ahí radica tu poder interior y tu fuerza. Acepta y experimenta tus emociones. Relájate. No necesitas tenerlo todo resuelto. Tampoco necesitas saberlo todo. Deja atrás la creencia de que lo único que te hace hombre es ser proveedor, eres mucho más que eso. Descúbrelo. ¡Llora!

A la humanidad

Volvamos al origen. **Regresemos al punto de ser uno con todo lo que es y a recordar que estamos conectados con todo lo que existe.** Hay que tener presente que no estamos solos y que el poder, el amor y la felicidad están adentro. Nacemos con posibilidades ilimitadas. Libérate del mito de la soledad porque nunca estarás solo, tal cosa no existe.

Ámate en totalidad

Pon tus prioridades claras y no seas una pieza más del rompecabezas del sistema. Date cuenta de que **el interruptor para que brilles con luz propia está en tus manos.** Para encenderlo necesitas tener el valor de conocerte, de tomar el control de tu vida y de ser responsable de tu felicidad y de tu bien vivir.

No te conformes con tener pareja, fórmala y que sea la relación que deseas. Entiende tu propio modelo de amor, expándelo y compártelo.

BIBLIOGRAFÍA

Bierce, Ambrose. *El diccionario del diablo*, Madrid: Debolsillo, 2012.

Bucay, Jorge. *El camino de la autodependencia*, México: Océano, 2000.

Calixto, Eduardo. *Un clavado a tu cerebro*, México: Aguilar, 2017.

Riso, Walter. *Lo que toda mujer debe saber acerca de los hombres*, México: Planeta, 2012.

Ruiz, Miguel. *Los cuatro acuerdos*, México: Urano, 1997.

Rhodes, Sonya y Susan Schneider. *The Alpha women meets her match*, Nueva York: William Morrow and Company, 2014.

Tus modelos del amor de Karla Lara
se terminó de imprimir en enero de 2020
en los talleres de
Impresora Tauro, S.A. de C.V.
Av. Año de Juárez 343, col. Granjas San Antonio,
Ciudad de México